The Must

2016

Sudoku
Puzzle Book

by Jonathan Bloom

The Must Have

Sudoku Puzzle Book Series

For other exciting Sudoku books by Jonathan Bloom
Please visit amazon.com and search for "Bloom Sudoku"
or get them at buysudokubooks.com and sudokids.com

The Must Have 2016 Sudoku Puzzle Book

9780987004024

Published by buysudokubooks.com and sudokids.com

For customised editions, bulk discounts and
corporate gifts, email sales@buysudokubooks.com

buysudokubooks.com ©Jonathan Bloom 2015 ISBN 978-0-987-0040-2-4

SUBSCRIBE TO MAILING LIST

Please subscribe to my Sudoku mailing list by scanning the QR code or just send an email to jonathan@sudokids.com with your name, surname and email address.

Table of Contents

Puzzles

January	5
February	21
March	35
April	51
May	66
June	81
July	96
August	112
September	127
October	142
November	158
December	173

Solutions 189

The Must Have 2016 Sudoku Puzzle Book

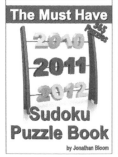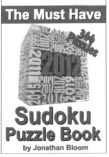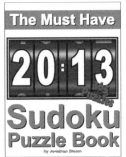
4

January

No: 1   Fri, Jan 1, 2016   Easy

3		4				7		6
				2				
			6		5			
		6	8		4	9		
2			1		6			7
	7			9			1	
			7		1			
		8				5		
	6			3			7	

The Must Have 2016 Sudoku Puzzle Book

No: 2 | Sat, Jan 2, 2016 | Moderate

	3		1					
8						7		
		1		4			2	
					7	3		
	9							
			9	2			1	
7								4
3			6			9	8	

No: 3 | Sun, Jan 3, 2016 | Nasty

		3					2	
	6	4		3			5	
5					9	6		8
				1	3	8		
				7	5	3		
3					1	2		5
	2	7		6			1	
		8					7	

No: 4 **Mon, Jan 4, 2016** **Cruel**

	8		6		3			
9							5	
				5				7
8			1					
	6					3		
5		7		4				
			9				1	
						6		

No: 5 **Tue, Jan 5, 2016** **Easy**

	7	3	1			6	8	
	9				3			
				5				
3		1				9		
			7				4	
5								
				1				3
	6		8					
8						1	9	

No: 6 | Wed, Jan 6, 2016 | Deadly

						9	7	
			2			8		
4								
	1		7	5				
		8						4
							3	
3					4			5
7						6		
			9					

No: 7 | Thu, Jan 7, 2016 | Moderate

	5							6
				9		4		
3								
8		1					3	
6			5					
				4				
	4	9				7		
					8		5	
			3					1

No: 8 | Fri, Jan 8, 2016 | Easy

	7	8					4	
			6	3				
	8	4		7		6		3
	9				8			
						5		
3		6	5					
					1		9	
7				2	6	4		

No: 9 | Sat, Jan 9, 2016 | Nasty

			5				9	
		4			7			
	3							
	8					6	1	
5			9					
			4			3		
6						7		
9				8				
				3				

No: 10 | Sun, Jan 10, 2016 | Cruel

	1			3			8	4
				7			3	
9			6					
6			9			5		
7								
				8				
	8	3						
			5					
						6		

No: 11 | Mon, Jan 11, 2016 | Deadly

		6				3		
9				5				
7								
	1		6				5	
				7				9
	8							
			3			2	8	
4	5				9			

No: 12 Tue, Jan 12, 2016 <u>Easy</u>

	5		6		4			
7						5		
			3					
		3	1					
	9					7		
				9		8		
8				7	3	2	6	
		6					1	
							3	

No: 13 Wed, Jan 13, 2016 <u>Moderate</u>

9	7		8				6	
				1		2		
	8		4					
5		1		3				
							7	
3								
						3		1
			7		6			

No: 14 **Thu, Jan 14, 2016** **Nasty**

	3	7			2			
			6				9	
								5
6			9	5				
						3		
9								
				3	7	4		
1	6						2	

No: 15 **Fri, Jan 15, 2016** **Easy**

	9		5			7		
8				3				
			7			4		
3		1						
6				1				
	7		9		4	1		
							3	6
	5			8	1		4	

No: 16 | Sat, Jan 16, 2016 | Cruel

				5	3			
	8						7	
6						3		1
	9		7					
			8			4		
			9	7			6	
3		5						
4								

No: 17 | Sun, Jan 17, 2016 | Moderate

6		1	8					
							9	3
			6	7		8		
	9							
				4				
1	3				9			
7						6		
					5		4	

No: 18 | Mon, Jan 18, 2016 | Deadly

	7							9
			2	6				
			5			3		
				5	7			4
6	2						1	
3								
						5	6	
9					4			

No: 19 | Tue, Jan 19, 2016 | Nasty

	7	3						
			1				6	
8	5		9					
					2	7		3
								4
				7		4		
6							5	
9			6					

No: 20 Wed, Jan 20, 2016 Easy

	9	3			8	2		
				4		7		
	5		6				9	
7				8				
4								
			9		3			2
1	7					4		
			8			6	7	

No: 21 Thu, Jan 21, 2016 Moderate

			9				7	
	8		4					
	3					5		
1		6					4	
				3				8
				5				
				2		3		
4			6					
7						8	2	

No: 22 | Fri, Jan 22, 2016 | X-Deadly

			5				3	
	6			8				
7								
5			6					
			8			1		
3								
	1					9		4
	8				7	6		
				3				

No: 23 | Sat, Jan 23, 2016 | Cruel

			4		3			
8							5	
6	9							
				9			8	
	4							
		7						
9			5	6				
						7		3
			1			4		

No: 24 Sun, Jan 24, 2016 Easy

	6		7	8			5	1
				3				
	5							
3		7				8		
			1				9	
9						7		3
			5		4			
			6			9		5

No: 25 Mon, Jan 25, 2016 Deadly

	7							4
			5	9				
			8			6		
							9	3
5		1						
2								
	3			6	4			
8						1	5	

No: 26 | Tue, Jan 26, 2016 | Easy

	1					5	6	
				3				8
6					4			
	7		1		5			
						9	3	
			7					
3		8		7	1	6		
						1		
9			6	5	8			

No: 27 | Wed, Jan 27, 2016 | Nasty

	9	8				1	6	
			3					
		6						
3	5		7					
						8	9	
4								
7								5
				6	8			
				1				

No: 28 Thu, Jan 28, 2016 **Moderate**

7		6						
			9	1				
		8						
	9					3		8
						5		
				7				
4						1	7	
	2		8				4	
					6		5	

No: 29 Fri, Jan 29, 2016 **Cruel**

	7		6					
3						1		
				5			2	6
8				3				
	4						7	
5						9		1
			2			4		
			7					

No: 30 | **Sat, Jan 30, 2016** | **Easy**

	4		5	7			1	
6				3				
			2					7
				9		2		3
		5				6		
	1							
			4		1	3	8	
3								
		4	7				6	

No: 31 | **Sun, Jan 31, 2016** | **Deadly**

	9					8		
			3	7				
5				6				
6	5							
					9		4	
							3	
			1			9		
3			7					
						5		8

No: 32   Mon, Feb 1, 2016   Moderate

6	7		3					
					5		8	
3							1	5
1			7					
				4				
5		3	2		9			
				8		7		
	4					3		8

No: 33   Tue, Feb 2, 2016   Nasty

	6					3		5
7			1					
			4			7	1	
	5			3				
								9
				6	5	8		
1		4					9	

No: 34 | Wed, Feb 3, 2016 | Easy

6			9			4		3
8	5							
		4	3					
7							5	
				8				
		6			3	7		
	3		1	5				
				4	9		2	

No: 35 | Thu, Feb 4, 2016 | Moderate

	9						6	8
	7				3			
1			6			7		
3								4
			9	7				
4						3		
				5			9	
			8				5	

No: 36 | Fri, Feb 5, 2016 | Cruel

	7		3					9
8						7		
			5		2			
			7			4	3	
9				1				
6								
	3						5	
				6				
				8				

No: 37 | Sat, Feb 6, 2016 | Deadly

6				5	8			
	4					3		9
								2
7				1			5	
		3				4		
1							7	
	8		9					
			3					

No: 38 | Sun, Feb 7, 2016 | Easy

	4		2		3			1
			1				9	
5								
7				5		3		
2								8
	8					5		
		1	8			9	3	
					9		7	

No: 39 | Mon, Feb 8, 2016 | Nasty

	1						9	
6				2				
			4					5
			1		8		4	
2								
			9					
				3		6		2
7	9							
						3		

No: 40 | Tue, Feb 9, 2016 | Moderate

7		4		9				
			1				3	5
8				4		9		
	3							
			7					
6						4	9	
	5		3		8			
				6	9	3		

No: 41 | Wed, Feb 10, 2016 | Cruel

8				6	1	7		
				5				
								2
7			2					4
							5	
			4					
3	6							
			9			2		
		5					1	

No: 42 **Thu, Feb 11, 2016** **Easy**

4				3				
5						1		
					9	4	7	
			8		7		4	
3	9							
6			4					
	8					3		
	1					6		
			7			8	2	

No: 43 **Fri, Feb 12, 2016** **Deadly**

	5			6	8		1	
7		2						
3			7			4		
	8					5		
	1							
			3	7				
9							8	
			2					

No: 44 | Sat, Feb 13, 2016 | Nasty

	3	1				6	4	
	9							
			2					
4			8	5				
2						3		
			7					9
7							8	
					3			
				4				

No: 45 | Sun, Feb 14, 2016 | Moderate

9				3	2			8
	4					7		
			6	5		8		
3		2						
	9							
8	7		1					
							3	
			7			6	8	

No: 46 | Mon, Feb 15, 2016 | Easy

	8	7					6	3
5				7				
			1					
	3	1						
				4		8		
	2							
8						5	4	
6			9		3			
			2			3	9	

No: 47 | Tue, Feb 16, 2016 | Cruel

3		9			8	7		
				5				6
				4				
	2		9					
						5	4	
			3					
7			1					
							2	9
	6							

No: 48 | Wed, Feb 17, 2016 | Easy

				7		5		4
8								
						3		
			2		5		1	
6			8					
	4	9	7					
	3			4				
			1					6
2					7		8	

No: 49 | Thu, Feb 18, 2016 | Deadly

			7	9	4			
2	8							
				5				
			6			7		
						4		5
	3							
5		4						
9							3	
			1				8	

No: 50 Fri, Feb 19, 2016 Easy

	9	5	6			1		4
	6		5					
						7		
			8	3			6	
1							9	
		7						
	8					5	3	
				6	1			
9					8	6		

No: 51 Sat, Feb 20, 2016 Moderate

8	3		4					
			7			2	6	
1		2		8				
								3
6								
	5		3		9			
						6	8	
	7					3	4	

The Must Have 2016 Sudoku Puzzle Book

No: 52 **Sun, Feb 21, 2016** **Cruel**

		2				3		
			5		6			
		8				6		
	4						5	
2			8		4			6
			7		2			
8		7		3		5		4
	6						7	
4			9		7			1

No: 53 **Mon, Feb 22, 2016** **Nasty**

	7						1	
				3		5		
8			6					
	1		8		7			
						4		3
3		5		9				
			5				7	
4								

No: 54 | Tue, Feb 23, 2016 | Cruel

						1	6	
3		7						
4				9				
	5					9		
			6			5		
					3			
			8				3	7
	2		1	5				

No: 55 | Wed, Feb 24, 2016 | Easy

	6	2			4		3	
	9			5				
8								
		4	3		1			
	2					5		9
7		3	2				1	
				9		2		
			7		6			

No: 56 | Thu, Feb 25, 2016 | Moderate

6				5	1		4	
7				3				
					2			
4		6	8					
						3	5	
	2					7		
			7					9
	3							6

No: 57 | Fri, Feb 26, 2016 | Deadly

	1		8					
					9	3		
						7		
			4	9			1	
6							8	
		3						
	9					6	5	
7				3				
			5					

No: 58 | **Sat, Feb 27, 2016** | **Nasty**

	7			6				
			1			8		
							3	
	4							7
			3			6		
1			9					
9				7				
3						5		
				4	2			

No: 59 | **Sun, Feb 28, 2016** | **X-Deadly**

			1			6		
	7	9						
	4							
6					9	3		
				7				1
				8	4			
							7	4
			5				8	
3								

No: 60 | Mon, Feb 29, 2016 | Moderate

4						1	7	8
			5	8				
			7					
7				1				
				4			5	
							3	
		9	3			6		
	8					7		
	5	3				8	1	

No: 61 | Tue, Mar 1, 2016 | Cruel

				7		9		
	8					5		
					2			
		7		6				
			1					4
			8					
			3			8	6	
7							9	
2	4							

No: 62 | Wed, Mar 2, 2016 | Deadly

			5	6				1
	3					7		
			1					
					8	4	3	
1		9	6					
5								
					4	8		
6								
				7				

No: 63 | Thu, Mar 3, 2016 | Easy

2	9			7	6	8		
4		3						
			9					
			4				9	
	8					6		
							1	
5						9		
			3					4
	6			1			8	7

No: 64 Fri, Mar 4, 2016 **Nasty**

	5		1		8			
						9		
			5					
			3	9		7		
7	8						6	
				4				
							8	5
4				6				
9								

No: 65 Sat, Mar 5, 2016 **Moderate**

2			4			7	9	
1			8		3			
						5		
8		3						
			7	1				
				5				
					9		3	
6	5							
	7						5	

No: 66 | Sun, Mar 6, 2016 | Easy

		1		9	7		2	
	5							
				6				
			1			5		8
7		9						
						4		
	8		5			3		
6			8				9	
					4	8		

No: 67 | Mon, Mar 7, 2016 | Cruel

	3		9					
	8					7		
			4	5				
7						6		3
		9	5	1				
						8		
5							1	
					3			
2								

No: 68 | Tue, Mar 8, 2016 | Easy

		6	9		2		5	
1						2		
3								
6						3		4
			8					1
	3		7					
	9						7	
				4		9	1	
				1				

No: 69 | Wed, Mar 9, 2016 | Deadly

	9		4			3		
							7	1
			5					
					6	2		9
8				1				
5				7				
7							8	
			8					
	3							

No: 70 | Thu, Mar 10, 2016 | Nasty

	5	2					7	
				8				
	7							
4						6		8
			7		9			
						3		
8			1	6				
			2				5	
3								

No: 71 | Fri, Mar 11, 2016 | Moderate

			1			5		7
4					3			
	7	9	5					
3							4	
	1							
				1		9	8	
	5	7						
6						7	5	

No: 72 | Sat, Mar 12, 2016 | X-Deadly

3				7		1		
	6	5	8					
			9				8	5
7				3				
							6	
1						3		
	8		6					
	4							

No: 73 | Sun, Mar 13, 2016 | Easy

		3				6		
			7	8				
8	7			9				
						3		6
				6	8	4		
	1		8				7	
			5		3			
9					6			2

No: 74 | Mon, Mar 14, 2016 | Cruel

							2	3
	8				4			
7								
1						7		
			3	9				
			2					
5					7	1	4	
		2	6	3				

No: 75 | Tue, Mar 15, 2016 | Deadly

5		1			4			
							6	8
			7	8		1		
9			6					
	3							
7		8				5		
				6	3			
	2							

No: 76 | Wed, Mar 16, 2016 | Moderate

	9				6	8	1	
		8	9	5				3
2								5
				6				4
	8	3		9	4		6	
			2				8	
	4			1			7	
1		9		4				
	3					5		

No: 77 | Thu, Mar 17, 2016 | Nasty

	9			4	5			
6			1			3		
	7	4					9	
			3			2		
				8			4	7
3	6							
2								

No: 78 | Fri, Mar 18, 2016 | Cruel

				6				7
			9		2			
						1	5	
	7					4	8	
2								
	3					9		1
		9	3		8			2
		1	4					9
5					9	6	3	

No: 79 | Sat, Mar 19, 2016 | Easy

7			8					
						3	9	
9	5		2	8				7
					3	2		
				1				
		3				1	8	
			9	7				
	2		4			7	6	

No: 80   Sun, Mar 20, 2016   Moderate

9								8
			7		5			
			6	1			5	
	6	5	8			2		
		8				4		
	9	3	4			7		
			2	7			9	
			1		3			
6								2

No: 81   Mon, Mar 21, 2016   Cruel

		3						8
						1		5
			7					
5	2			4		6		
			9			3		
							7	
4	5							
			3			8		
1								

The Must Have 2016 Sudoku Puzzle Book

No: 82 | Tue, Mar 22, 2016 | Easy

6	5		1					
						9	3	
7		4						1
9				8	6			
				3				
			9			7		
	3					8		
	6		3	7			5	

No: 83 | Wed, Mar 23, 2016 | Deadly

1			3		5			
				4			9	
	4	6					8	
			1		3	7		
	9							
2								5
			8	6				
						1		

No: 84 **Thu, Mar 24, 2016** **Nasty**

	9		5			7		
8				4				
			7			2		
3		4						
6				3				
	7		1		2			
							3	6
	5							

No: 85 **Fri, Mar 25, 2016** **Easy**

	8	2	5				6	3
7			8					
4								
			7			1		
	5	1						
	6		9					
3						7		
				6	4			
				5			9	

No: 86 | Sat, Mar 26, 2016 | Moderate

	4	1	3					
			7		1			
		9		2				
	8	7					4	
			8			9		
		3		1			6	8
			9		5	2		1
2	1				4			7
	7							

No: 87 | Sun, Mar 27, 2016 | Cruel

							1	7
	4		8					
	3							
7				2	1			
						4		
6								
1		5					6	
			3	4		8		
			9					

No: 88 | Mon, Mar 28, 2016 | Deadly

7				1		8		
	6						3	
				7				
9		4				5		
			2					
1								
						9		1
	2		3					
	5		6					

No: 89 | Tue, Mar 29, 2016 | Easy

	8		5	7			2	3
	7		1					
6								
	4					8		
				5	2			
				3				
			6			4	9	
5			8					
3		1				7	6	

No: 90 | Wed, Mar 30, 2016 | Nasty

	9	1	5			8		
7						2	4	
	6					9		5
4					7			
				3				
3							7	
	5		9					

No: 91 | Thu, Mar 31, 2016 | Moderate

			9	7		3	1	
					8			
			2					
7		8						5
2							4	8
	6				2		9	
3							6	
4				2	5	7		
			6	4				1

No: 92 **Fri, Apr 1, 2016** **Easy**

	1	8				5		6
			1				9	
3					8			
8						3		5
			4	9				
	9	1					7	
				4	3	8		
4	8					6	5	

No: 93 **Sat, Apr 2, 2016** **Cruel**

				3			1	
5				8				
						4		
	9		1		7			
								3
	6							
			7			9	6	
3			5					
8						1		

No: 94 | Sun, Apr 3, 2016 | Deadly

							8	9
3			5					
			1			5		
	9					7		
		6		4				
5	7		3					
				9			1	6
2								

No: 95 | Mon, Apr 4, 2016 | Moderate

		6						3
8				3				
	1				2			
		5	2	4		9		
1					9		6	
	4				5			
5					3			8
	3		6			4		
		2		8			9	

No: 96 | **Tue, Apr 5, 2016** | **Nasty**

	8				7		9	
		9						6
							1	
	5					4		
				9	3			
			6	1				
			5			7		
9		6						
3								

No: 97 | **Wed, Apr 6, 2016** | **X-Deadly**

	6	1					3	
3		9			4		2	
4	2						8	
					9	7	5	4
								2
	7		3			8		
			2		1			
2	1	8	6				7	
			9	8				

No: 98   Thu, Apr 7, 2016   Easy

	9	4				1	7	
2			4					
						6		
4					8			2
				6		9		
7								
		6	5	1				
			7				4	
	3			4	9			

No: 99   Fri, Apr 8, 2016   Cruel

	4	5	3					
				6		8		
	2							
8		6			1			
							4	3
9								
1			7					
						6	5	
			2					

No: 100 **Sat, Apr 9, 2016** **Deadly**

3	7		9					
						6	8	
	8	4		6				
9								7
				2				
		5				2	6	
1			7					
			3					

No: 101 **Sun, Apr 10, 2016** **Moderate**

	8	9		4		2		3
	2		9					
1		6						7
8			1	7				
			8		3			1
				2	6		4	
		7				1		8
							7	4
					2	5		

No: 102 **Mon, Apr 11, 2016** **Easy**

		7	9			4	1	
6			8					
						7		
	4					1		
		5	6					
			3		8			
3			7	9				6
				4			5	
	7					3	9	

No: 103 **Tue, Apr 12, 2016** **Nasty**

	8	7	2			6		
9							3	
	4	6	3					8
4				8				
		9	1		2			
				4		7		3
	2			9		8		5
	6	8				9		2
					8		1	

No: 104 | Wed, Apr 13, 2016 | Easy

8				9				
	9	5					6	3
					4			7
	5	9	6				7	
		8						
	7	2	4				1	
					8			6
	3	7					5	8
6				1				

No: 105 | Thu, Apr 14, 2016 | Moderate

		3		9			6	
				3	6	7		
					1	2		3
	5	4					9	
			9		7			
	7					3	1	
4		1	8					
		8	4	7				
	2			5		8		

No: 106 | Fri, Apr 15, 2016 | Cruel

3							9	4
	1		8					
					8	5	7	
5						9		
	4		6					
		7		4				
9						8		
			1					

No: 107 | Sat, Apr 16, 2016 | Easy

				6		9	2	
								4
	1	8				6		3
			2		6			
3								5
	7	4	3		1			
4	6		8			2		
		2	1			5		
		9		2				

No: 108 **Sun, Apr 17, 2016** **Deadly**

		7	1					
	2					9		
			5		3			
	8			7		4		
6			3					
9								
3		1					5	
				2		7		

No: 109 **Mon, Apr 18, 2016** **Nasty**

	7	8	1					5
4			9			7		
1				8		3	6	
9	8					1		
		7			3			2
				7				
	1	4	7				8	
		2				5		
8				5				

No: 110 **Tue, Apr 19, 2016** **Moderate**

				7				5
	3			6			9	
1		7				8		
		9						
8	5						4	9
	1		5					
	9				3	1		
	7	6	1	5			3	
				8		4		

No: 111 **Wed, Apr 20, 2016** **Cruel**

		9			1	8	6	
	5						3	
				7	8	4		
			9					8
	2		3			5		
	4		5		3	7		
	7	8						9
				2			8	

No: 112 **Thu, Apr 21, 2016** **Deadly**

				8		2		
5								
6								
3								6
							7	5
				9		8		
			6		3		1	
	2		5					
	9					4		

No: 113 **Fri, Apr 22, 2016** **Easy**

7						8		5
	4					1	6	
			2		5			
		4	5	1				
			8	3		5		
		1					2	
4	5			9				3
	3				6		5	
9						7		

No: 114 **Sat, Apr 23, 2016** **Moderate**

	6	2	5					8
1		5					3	
8	4							
6			8				1	
					2	5		
				1		4		9
				8	7		4	
	9		1			7		
2					4			

No: 115 **Sun, Apr 24, 2016** **Nasty**

6				9	8			
2							1	
	4		7	6				3
				2			7	
4								6
				8			2	
	1		6	4				9
5							3	
7				1	2			

No: 116 **Mon, Apr 25, 2016** **Easy**

	7	6				5		1
	8		4			3		9
		9	5	8				3
			6			4		
							7	8
	9	2		5				
					8			5
	5	8	7		3		6	

No: 117 **Tue, Apr 26, 2016** **Cruel**

			9				3	1
		8				6		
	9		4	6			8	
9		3		4	1			5
		5	3					
			6				7	
	2					9		
8		1			7			
6			1					

No: 118 | Wed, Apr 27, 2016 | Deadly

	6		8			5		
1							9	
				2				
			6	5		8		
4		7						
						3		
					4		7	1
	8							
							4	

No: 119 | Thu, Apr 28, 2016 | Moderate

							1	3
6			8					
	9							
8		7	6				5	
			2			6		
	1							
				3	5			
4						2		
				1				

No: 120 | Fri, Apr 29, 2016 | Easy

		3		7			6	
			3		8	4		
7							1	
	9		1	5			2	4
6			9	8		3		
	2							5
	3			9				
2		8	5					
			4		7			

No: 121 | Sat, Apr 30, 2016 | Nasty

			3					5
					7			
			8			3	1	
5		9				4		
					8		6	2
	1			6			7	
		5	2					
		4		7	9			6
7				8			9	

No: 122 **Sun, May 1, 2016** **Cruel**

		1		5	2	9		
4			3		7			1
	8	6			4	7		2
7								3
		2				4		
1	4	7	2		8			9
		5			1			
		9		7		8		

No: 123 **Mon, May 2, 2016** **Easy**

			4					
		7				8	9	
	2				1	5	4	
5		2		1		9		
	4	9			7			
	1							8
				4	6		3	
2			5	9		1		
	5				3			

No: 124 **Tue, May 3, 2016** **Moderate**

						3	1	
	7		2					
						6		
6				3				
				9				7
	5							
3						9	6	
			5					8
4			7					

No: 125 **Wed, May 4, 2016** **Cruel**

	2							
9							3	
6		1	3		8	9		
1		6	8			7		
		4						
			6		5	3		
8				5	9	4		
								7
5		3			2	8	9	

No: 126 **Thu, May 5, 2016** **Deadly**

	5				4			
			2				6	
					8	5		7
6			3					
2								
				5		1	8	
	7	4		9				
9								

No: 127 **Fri, May 6, 2016** **Easy**

	2					5		
3		9			8		6	
	5				4			
				3	7			
			4					7
	4	7	9				1	2
1								6
	8				5			
				6	3	2		9

No: 128 | **Sat, May 7, 2016** | **Nasty**

		3	4	5	9		2	
		9			6			
6	8				1			
8						4		5
2							7	8
4	6	1				2		
			1		7	5		
1				8				
			6	9				

No: 129 | **Sun, May 8, 2016** | **Moderate**

	9					5		3
8			4					
						1		
	5			3				
				5			8	
6							9	
		7	8		9			
	3					4		
			6					9

No: 130 **Mon, May 9, 2016** **Cruel**

		6	9					
		9		5				4
8	1				4			7
3					5		7	
	9							8
		7	8					
						1	4	
			1			2		6
	6	1		9			3	

No: 131 **Tue, May 10, 2016** **Easy**

	6				3			
7		4					3	
	9					6		2
							1	9
				5	8	7		
2				6		5		
		8		1	2		6	
	1		6			8		7
		6	3				2	

No: 132 | Wed, May 11, 2016 | Deadly

9								4
	6						2	
3	1	2				7	8	9
		7	9	6	4	3		
			3		2			
				1				
6	5						9	1
1			5		9			7
				4				

No: 133 | Thu, May 12, 2016 | Nasty

						5		9
			7	8				
						4		
			1				7	2
5		4						
9								
	7					3	1	
6				5	9			

No: 134 | Fri, May 13, 2016 | Moderate

9	7				3		5	
5						1		
		8	1	6				
	3					7		
	9		5					
7			8	1				
4								3
							9	

No: 135 | Sat, May 14, 2016 | Easy

						1	2	
	5				1	6	9	7
				2				
				1	8			
		5	7					8
	2		6					1
7	1					5	8	
4	6					9		
	9			3	6			

No: 136 | Sun, May 15, 2016 | X-Deadly

2			8		9	3		7
			2				4	6
		1				8		
7		4		5				
	6		9					
3		9		8				
		3				2		
			3				8	9
8			7		6	4		3

No: 137 | Mon, May 16, 2016 | Easy

		8	1					3
		3					7	
5	1		7					
1		2		9				4
			3				9	8
						2		
					7			6
	7			4				
6			5	2		1		

No: 138 | **Tue, May 17, 2016** | **Deadly**

					9		4	
	5			2	1			8
6					3	2		
5			6			1	3	7
		6					9	
1					8			
8				3				
							6	
		4	1		7	3		

No: 139 | **Wed, May 18, 2016** | **Easy**

		2	5					
				6		2		
7		1			8			9
1								
	5						7	8
		6				4		5
	4				5			
				7				6
		5		4	6		1	2

No: 140 **Thu, May 19, 2016** **Moderate**

					9	1		
6						8		
				5				
9			8					
			6				5	
								3
			1			7	6	
	3	5		4				
	2					5	3	

No: 141 **Fri, May 20, 2016** **Nasty**

						9		5
4	8							
3								
				5	9	6		
	4						8	
1				7				
			3				6	
		5				7		
			4					

No: 142 | Sat, May 21, 2016 | Cruel

				3		6		
5								
1								
	3					9	7	
			8					5
	6				4			
	9					3		
7			1					
			5				8	

No: 143 | Sun, May 22, 2016 | Moderate

	4	6			2		7	3
8	9		6					
	5		9			6		
	2						5	
				3				
3						9		
4						1		
		7					4	

No: 144 | Mon, May 23, 2016 | Cruel

				9	1		5	
6	8							
	4		7					
						5	1	
						9		
			8	3				7
9		2						
5			6					

No: 145 | Tue, May 24, 2016 | Deadly

							8	
		6		7		5		
	2				8			3
			4		7		6	
	6			1			2	
		7	9					8
	9							
3			7	5				2
		4			3		9	7

No: 146 | Wed, May 25, 2016 | Nasty

						8		4
2				1				
						6		
	8		6		7			
	4						1	
							3	
			4			9		
3	5							
1			9					

No: 147 | Thu, May 26, 2016 | Easy

			5				9	2
		8				7		
	4		2					1
3		2			6			
				4		6	5	
			7					
	1			6		3		
5				7				
9		3						7

No: 148 **Fri, May 27, 2016** **Moderate**

				7	1		6	
	2					3		
5							7	
	3		8					
			3					
7		1						5
			9	4		8		
6								2

No: 149 **Sat, May 28, 2016** **Cruel**

				4		9		
5		7						
				3				
3	9							
			8				7	
								1
	6					3	5	
			7			6		
			1		8			

No: 150 | **Sun, May 29, 2016** | **Easy**

							1	
		8	2	6				
	4				1	5		8
	9			7				
	7		6			3		
		2			8		4	
		9		1		4		
5					9			2
		4					7	3

No: 151 | **Mon, May 30, 2016** | **Deadly**

	2							5
9					3		6	8
				9			7	
				7	2			
		8	3		1		2	
	9		8	6				
							9	4
	5	4		8		1		
7	3					8		

No: 152 **Tue, May 31, 2016** **Nasty**

					3		5	
	2					7		
1			8					
3		5		6				
			9			1		
4								
	1		7	2				
							4	3

No: 153 **Wed, Jun 1, 2016** **Moderate**

	2	3		9			8	
5	6							
7								
		8	9	1				
		4						5
						7		
3			7					
	9						1	
					5	6		

No: 154 **Thu, Jun 2, 2016** **Easy**

	4	7	1	6		8		
5								
2			9		5			
3		2					7	
1					3			
		8		4	6		3	2
8						9		
			2		7			
					4			8

No: 155 **Fri, Jun 3, 2016** **Cruel**

5	1	7		6				
	4				7		5	6
		4	2	9			7	
	7			8			3	
	9			3	1	4		
1	3		9				4	
				1		9	2	8

No: 156 | Sat, Jun 4, 2016 | Moderate

				9		6		
2							7	
3								
		4	7		2			
	8					5		9
			3					
	5			4		8		
							2	
			1				5	

No: 157 | Sun, Jun 5, 2016 | Deadly

2				9				
			2	5		1		
	9		1		4		2	
		4				2		
	8						6	9
	1	2				7	4	
			3		7			
3			5	8		9		
8	5							4

No: 158 | Mon, Jun 6, 2016 | Nasty

					5	4		7
9		3						
				8				
8			9	6				
	4					2		
			1					
	5				4			
6							9	
			3					

No: 159 | Tue, Jun 7, 2016 | Easy

				2				
6								9
		7	8	9	3	1		
		3	2		1	8		
	1						3	
	2		3		7		9	
	5						7	
			6	8	4			
2								6

No: 160 | Wed, Jun 8, 2016 | Cruel

						8	2	
5			4					
						3		
	9	7						1
				3			8	
1								
	4	8				7		
			1		5			6

No: 161 | Thu, Jun 9, 2016 | Easy

			2	4	3			
3			7		5			9
2								7
	4						2	
	8	6				5	4	
	5			9			6	
1								3
8	3			1			7	2

No: 162 **Fri, Jun 10, 2016** **Moderate**

9	8							
			2				9	6
6				1				
	5		3	9			7	
			4					3
	3		7	6			1	
4				8				
			6				2	8
2	9					4	6	

No: 163 **Sat, Jun 11, 2016** **Deadly**

	1		5					
	6				3	2		
4		9			1			
		5						8
1	7	6				4	3	2
9						7		
			9			3		1
		2	3				8	
					2		7	

The Must Have 2016 Sudoku Puzzle Book

No: 164 **Sun, Jun 12, 2016** **Nasty**

					8		9	
		7					6	
	1		3					
				6		8	7	
			5					
	3							
			1			3		4
6						1		
9								

No: 165 **Mon, Jun 13, 2016** **X-Deadly**

3							1	7
1			8					
			5					
			6			4		5
9				3				
		5				8		
	7				9			
				1			9	

No: 166 **Tue, Jun 14, 2016** **Easy**

			3		4			
	2						8	
4	3		8		7		6	9
		9				8		
		6				1		
			7		9			
	6						2	
		1		6		5		
8								3

No: 167 **Wed, Jun 15, 2016** **Moderate**

5	9		8	4				
					7			
6		1	2		5			
						3	2	
		2						6
7	5					8		9
	3			8		6		
		7	1					4
			6			2		8

No: 168 | Thu, Jun 16, 2016 | Deadly

		2		9				
	9				3	5		
					1		8	
2						1	6	
	7	6		2				8
	3		5					
				4				9
	4		9	8			7	
7					2			

No: 169 | Fri, Jun 17, 2016 | Cruel

3	5		6				1	
			9	8				
7	8	4						
					5		9	
			1					
				7		3		4
						8		
1								

No: 170 | Sat, Jun 18, 2016 | Easy

			6	7		8		
		5			3		6	
8							4	
3						7		
		6					2	1
4				8				7
		3	5		6			9
					9	5	1	

No: 171 | Sun, Jun 19, 2016 | Nasty

					1			6
	2					1		
			5					
				2	8	4		
5		7						
9								
6	1					3		
			7	9			5	

No: 172 | **Mon, Jun 20, 2016** | **Moderate**

			2		5			
	6			4			8	
	1						3	
8				9				7
6								2
	3	7				1	4	
	2		4		6		7	
4	8			7			1	6

No: 173 | **Tue, Jun 21, 2016** | **Deadly**

	3			2		6	4	
4			8					
		2					9	
	7					4	6	5
2						1		
					4	8		7
5			6	8	1			
1		8	2					
			4		9			

No: 174 **Wed, Jun 22, 2016** **Easy**

	5				7		1	2
9					3			6
				4				
				1		2		
		2	5	7		4		
4	1							8
			4	9				
1								5
5	8				6		9	

No: 175 **Thu, Jun 23, 2016** **Cruel**

					6	7	9	
1	8		3					
	9					5		
				7				
			8					
				9	5		6	
8		3						1
4								

No: 176 | Fri, Jun 24, 2016 | Nasty

					4		3	
	9					8		
	4			7				
			5	4		9		
7								5
3								
			9					1
6							7	
			8					

No: 177 | Sat, Jun 25, 2016 | Easy

		5	6	3	1	9		
				9				
	8						1	
	7			8			5	
	3						2	
9								6
		4		5		2		
		7	2		8	5		
8			1		6			4

No: 178 **Sun, Jun 26, 2016** **Moderate**

			2	1	8			
2	3			4				
	5				7			
5					2	7		6
			9				4	2
7				3				8
	1							
		4				8	2	
			4		9		7	

No: 179 **Mon, Jun 27, 2016** **Deadly**

						5	7	2
	2	9		7	4		1	
			1					
		2						8
4		7	8		2	1		3
3						7		
					7			
	6		9	8		2	3	
7	9	8						

No: 180 **Tue, Jun 28, 2016** **Easy**

			6		8			
7			1	2	4			9
		5				2		
	3		8		9		4	
		4				7		
			5		2			
	7	3				1	8	
4		8				5		7

No: 181 **Wed, Jun 29, 2016** **Cruel**

				7		9		
	3					5		
					4			
		7		6				
			8					1
			5					
			3			8	6	
7							9	
4	1							

No: 182 **Thu, Jun 30, 2016** **Moderate**

		6	2					
7	9		6			3		
		5				6		8
				4		8		9
	2						7	
4		9		6				
5		2				1		
		1			4		9	2
					1	4		6

No: 183 **Fri, Jul 1, 2016** **Nasty**

					4	7		
		2					9	
			6					
6	3		5					
						2	1	
						9		
7			8	9				
4								3
				2				

No: 184 | **Sat, Jul 2, 2016** | **Easy**

				3	8		1	
7				5				
	9					6		
			6			4	9	
3					1			
5								
8								3
	6		4					

No: 185 | **Sun, Jul 3, 2016** | **Moderate**

			8				2	
			3					6
				4	5			
3	9							1
		4			1			7
		2		6			9	4
								9
5					6			
	1		5	2	8	6		

No: 186 | Mon, Jul 4, 2016 | Deadly

		3		4	1			6
			5					
4				2				
6			7					3
7						9		8
					2		4	
3	5							7
		6						
		4		1	5	2		

No: 187 | Tue, Jul 5, 2016 | Cruel

				6		5		
	1				4			
		3						
4							1	
			3				7	
				8				
6	7		1					
					9	3		
5						8		

No: 188 **Wed, Jul 6, 2016** **Easy**

				7				5
8							9	
7			4					
			1		8	7		
		3	2					
	9							
2	5			9				
							3	
						4		

No: 189 **Thu, Jul 7, 2016** **Nasty**

	7				2		6	
		5	1					4
1				6	5			
	1	8				4		2
		4		2		7		
							1	
	4			9	3		2	
9		6			7			3
	5					8		

No: 190 | Fri, Jul 8, 2016 | X-Deadly

	6		5		7			
		1				9	3	
							4	
	5		8			6		
				3			9	
			6			5		
4				9				
3								

No: 191 | Sat, Jul 9, 2016 | Moderate

	1			9	8			
3			6		7			
		4	3			2	6	
	2	3					5	4
5				2				
7	8							
		7						
		8	5				7	3
			9				4	

No: 192 **Sun, Jul 10, 2016** **Easy**

				7			8	
1			9					
				8		9	6	
9						5		
					3			
			4			1		7
	6	8	5					
	3							

No: 193 **Mon, Jul 11, 2016** **Deadly**

			3					
		2			5		6	
1	4					9	3	
8					2	4		
	1		6	9				
9					1	5		
2	3					8	9	
		6			9		2	
			7					

No: 194 | Tue, Jul 12, 2016 | Cruel

7			6	5	4			2
1	6						4	9
				7				
	2			4			6	
		1		9		8		
			5		3			
	9	2				4	5	
8		7				9		1

No: 195 | Wed, Jul 13, 2016 | Nasty

			9	5		2		
3	2							
7					8		9	
	1		3	7				4
				9		7		
	3		8	2				6
8					5		2	
6	5							
			4	8		6		

No: 196 **Thu, Jul 14, 2016** **Easy**

				7	3			
	5						9	
7		3		6		1		
			4				5	
8								
	8		5			4		
6								7
			9					

No: 197 **Fri, Jul 15, 2016** **Moderate**

			4					6
	8	1				5		
9				6	8		3	
	9		1			2		
	4	3		9		1		
8					6			9
				8			2	
				5	4		7	
			3			6		

No: 198 | Sat, Jul 16, 2016 | Deadly

		8	1		9	6		
		6			3			4
9	7			5	4		8	
7								1
		5					6	
6	2	3				4		
2					1		4	
		1		2		3		
	5		9					

No: 199 | Sun, Jul 17, 2016 | Easy

				7	5			
	8						1	
				3				
3		5	6					
						4	9	
7								
	9		8		6			
						3		5
						1		

No: 200 | Mon, Jul 18, 2016 | Nasty

	4	9			2		3	
6				9	7			2
1							4	
			9					
	6			7	1			4
3	1			5		7		
					9		5	
2		4				6		
	3			6				

No: 201 | Tue, Jul 19, 2016 | Cruel

			8		2		9	1
		8		1				
	5							
8				6			7	
	7		4			2		
5							1	3
				2		6		
1			6		5			9
4					9		3	

No: 202 | Wed, Jul 20, 2016 | Moderate

			8				2	
3			4		2	8		
			3			6		4
8	1	6				7		
		3				2	1	9
4		8			9			
		7	5		3			2
	9				8			

No: 203 | Thu, Jul 21, 2016 | Cruel

			6			2		1
4		2			8			
		3						4
			5	9	3		1	
		1			4			
					7			9
	2			3		7	5	
7		8						
	9						2	

No: 204 | Fri, Jul 22, 2016 | Easy

				7	9	5		
	1			6			8	
	3							
8	6		3					
7						9		
			1					
9						4		
							3	
			4					

No: 205 | Sat, Jul 23, 2016 | Deadly

			2					
		5			6	3		
	4						9	
2				9	8	5		
			5					
	5		7			8		1
	8		4		2		6	
		3				9		4
					7		1	

No: 206   Sun, Jul 24, 2016   Moderate

			7		6			
			9				7	
		5						
3				5		1		
9	7							
	6		8					
			3					9
		2				8		
			4					

No: 207   Mon, Jul 25, 2016   Nasty

	3	9						
1	4			5				
8		6	7		3			9
		3				9	1	2
	7						4	
		4						
			8					
			3	6				8
		5	9				2	4

The Must Have 2016 Sudoku Puzzle Book

No: 208 | Tue, Jul 26, 2016 | Cruel

7					2		1	8
			4					7
	5			1		9		
8	2	5						6
	9					5		
							8	
1					8			
6				3	5	1		
	7	9			4			2

No: 209 | Wed, Jul 27, 2016 | Easy

				5			3	
	4	9						
	7							
8			3	6				
3								4
						7		
1							6	
			9		7			
			8			5		

No: 210 Thu, Jul 28, 2016 Moderate

			5			3		
6	7							
	8	2		4				
							7	6
							9	
7	9				6			
			3	1		2		
5						6	3	

No: 211 Fri, Jul 29, 2016 Deadly

				5		4		
			6				5	
3	7				9			2
	1	8	3			2		
6	5							8
					6		4	
4					8			
				6	4	9		
		9		7		3		

No: 212 **Sat, Jul 30, 2016** **Easy**

4	9			5			8	6
7			9					
							3	
			1		9	7		
	6							
	3							
1						5		
			8	6				
				4	3		1	

No: 213 **Sun, Jul 31, 2016** **Nasty**

							5	
		4	7			1		
	8		4	3	2	6		
	5	3					7	6
		9				3		
		7				5	4	
	3	2		1	4			
4			8		9		3	
			2					

No: 214 | Mon, Aug 1, 2016 | Cruel

			5			8		2
	4						9	1
		9			8		4	
		8	1		2	9	6	
	7	6	9		4	2		
	9		8			3		
6	5						8	
7		3			5			

No: 215 | Tue, Aug 2, 2016 | Easy

2	3	4		5		7		6
1		9						
4	5					6		
			9		3			
						2		
			1				3	8
	7			8				
							9	

No: 216 | Wed, Aug 3, 2016 | Moderate

			5			4		
1						7		
			3					
	5		8				3	
				6				
						1		
6				1		9		2
	3						8	
				7				

No: 217 | Thu, Aug 4, 2016 | X-Deadly

							8	
			4		9			
				6		4		1
	9				3	8	2	
		6			4			
	2		9	1				6
		1	7			5		8
4			1					
		2			8	7		

No: 218 | Fri, Aug 5, 2016 | Easy

				9				
	5		8		6		3	
3		9		1		2		7
2			5		8			9
	7	8				4	6	
5								1
6			2		7			8
				8				

No: 219 | Sat, Aug 6, 2016 | Nasty

8			5		6			3
	6		1		8		4	
		9				5		
1	7						9	8
	4						3	
	9		7		3		6	
			4		5			
4				8				1
				3				

No: 220 | Sun, Aug 7, 2016 | Deadly

	6							5
		4	8				1	
			5			9		
	8				4			
	9	1	6					
2				3		8	4	
				7			3	
5				2	8			7
	1		9					

No: 221 | Mon, Aug 8, 2016 | Moderate

			5	7				
2						8		
						4		
9	7			3				
			6				5	
			8			1		
4			1					
	1						7	
								3

No: 222 **Tue, Aug 9, 2016** **Cruel**

5		4	7			6		
						2		
			1					
1	9		5					
						4	8	
7								
				3	2			
				4				9
							1	

No: 223 **Wed, Aug 10, 2016** **Easy**

4			1		2			7
5				7				1
1			8		9			5
	4		7		6		3	
2	1						4	8
	8						2	
9		7				5		3

No: 224 | Thu, Aug 11, 2016 | Deadly

					4			
		3	2	6				
	7		3			1		2
	9	7						5
	6				9		2	
8				3		4		
		2			7			6
				5				3
		8	6			7	1	

No: 225 | Fri, Aug 12, 2016 | Moderate

			9				7	1
3			5					
6		2						
8				6		7		
	5						4	
				3				
	9		4					
								5
						3		

No: 226 **Sat, Aug 13, 2016** **Nasty**

1					4			
	5			3	8			2
			9			6	4	
		2				9		
	3					8		5
6	4					2		
		1	8	9	5			7
		3						
	7			1		4		

No: 227 **Sun, Aug 14, 2016** **Cruel**

	4			7				
			3			5		
3		2	6					
5						9		
							7	
	1						4	8
6			5	9				
					7			

No: 228 | Mon, Aug 15, 2016 | Easy

				8				4
2	7			9		3		
			3				2	
			7					
6							5	1
	3	2			4	8		
	5		2					
4		3	8				6	
	9			1			7	

No: 229 | Tue, Aug 16, 2016 | Deadly

		8		4		7		
	7	1				6	2	
2	6						4	9
5			8		4			2
			6	7	5			
		4				8		
6	9						1	5
			7		1			

No: 230   **Wed, Aug 17, 2016**   **Moderate**

			9	7			5	
	3	6						
							7	
8			5	9				
	1					4		
			7					
					3	6		1
5								
						3		

No: 231   **Thu, Aug 18, 2016**   **Easy**

			3	2		6		
	5	6						1
	4			9	5	7		
9					3		7	
4		8					1	
		5	2					
8		1						
			8	6				2
	6						4	

The Must Have 2016 Sudoku Puzzle Book

No: 232 | Fri, Aug 19, 2016 | Nasty

	8		1					
4					6	9		
				4	7	5		6
3				1		6		
		1	5				8	
	6	4						
	9	2	7			1		
				9				2
		6					5	

No: 233 | Sat, Aug 20, 2016 | Cruel

	5			3		7		
7	2				8			
		1	9					2
2							1	
		8	6					3
				8		4		
8				6		3		
	1						5	4
		7			9		8	

No: 234 | Sun, Aug 21, 2016 | Easy

2				3	7	5	9	
								4
			8				7	
	8		7			3		
		2	5		9	6		
		6			2		8	
	6				3			
9								
	4	1	9	2				8

No: 235 | Mon, Aug 22, 2016 | Moderate

			8			5		
4			9					
3								
	2	8				7		
	5			6				
				4				
1						6		4
			5		7			
							3	

No: 236 **Tue, Aug 23, 2016** **X-Deadly**

					8			4
						9	5	
			4		9		6	7
6	5		2			8	7	
		9				3		
	8	1			7		2	6
1	3		8		5			
	7	2						
5			7					

No: 237 **Wed, Aug 24, 2016** **Easy**

			7			2		
		5	2	8		6		
					3		8	4
2	9					4		
		8					6	
4							9	5
	8			3			1	
		1			9			
			6		4			

No: 238 | Thu, Aug 25, 2016 | Nasty

	7		2					
	1			9				
2			8			6		
8			4		7			
							9	
7	3				2	8		1
5								
			6				8	9
		4	7		8	5		

No: 239 | Fri, Aug 26, 2016 | Cruel

	1		4					8
6		3			5			1
		7		3		5		
				1				5
		6				2		
4				9				
		9		7		4		
7			8			3		6
5					3		7	

No: 240 **Sat, Aug 27, 2016** **Moderate**

			8	5				7
		3				9		
				7				
	4		3		9			
							7	5
			6			3	9	
5	1							
8								

No: 241 **Sun, Aug 28, 2016** **Easy**

7				6	3	2		
						9		
	3				8		5	4
8	7			5				
				4				
				1			7	6
3	4		9				1	
		9						
		1	5	3				9

No: 242 **Mon, Aug 29, 2016** **X-Deadly**

			2		8			
1		7				6		5
	9						3	
4			5		2			3
8				4				7
		8		6		3		
	1						4	
6		5	3		1	9		8

No: 243 **Tue, Aug 30, 2016** **Nasty**

			2	7				9
			3			8		
			4		6	2	1	
	2		7	8				
3		8	5					
1							4	
	9	7					1	3
		2			8	9		
5		1				4		

No: 244 **Wed, Aug 31, 2016** **Cruel**

						4		3
6								
		1						
	5			9	3			
		7					1	
9								
3	4					8		
			7	1			6	
			2					

No: 245 **Thu, Sep 1, 2016** **Moderate**

			6			7		1
		3						
						6		
				9			3	5
1	8							
	6							
5				3	4			
			7				9	
						8		

No: 246 **Fri, Sep 2, 2016** **X-Deadly**

			5			7		
2	3							
	9	1	8					
		3	1					
						4	2	
				2	6			9
7				4				
							3	

No: 247 **Sat, Sep 3, 2016** **Easy**

				7	1	9	6	
		4		3				8
	9		6				2	
		7						9
5	2			9				
4								3
9							1	
6		5				8		
	7		2		5			

No: 248 | Sun, Sep 4, 2016 | Moderate

3				1			6	
4	9							
				7				
5			9			8		
			8				7	
							1	
	8					4		
			4			5		
		7						

No: 249 | Mon, Sep 5, 2016 | X-Deadly

	6	4			1			
2			5			6		
7					6		3	
						9		3
3								
	1	7					2	
4	2		9					8
		5	2					9
		3		6		1	7	

No: 250 | Tue, Sep 6, 2016 | Nasty

	5						8	
2				9	8			4
		7			5			
9						8	3	
	6	2		1			9	
		8						
3			6	5		2		
				8				7
		6			7		1	

No: 251 | Wed, Sep 7, 2016 | Easy

	7	9		5				
2		3						
4	8		9					
		8					1	
6				8	1	3		
				3			5	6
				6		7	9	
			8		9	2		1
					4		6	

No: 252 Thu, Sep 8, 2016 **Cruel**

				7		5		
				9	8			
3								
	7	6					9	
			3					8
	5							
1		8	4					
						7	6	
						9		

No: 253 Fri, Sep 9, 2016 **Moderate**

6				9	1			
				8		3		7
	5							
	3					9		
			4				8	
			7					
9						1		
			3				5	
			7					

The Must Have 2016 Sudoku Puzzle Book

No: 254 | Sat, Sep 10, 2016 | Easy

	8	4	5					
2						3	9	1
	6							
5					3			
		8	4		7	6		
			8					2
							3	
4	7	5						6
					8	1	5	

No: 255 | Sun, Sep 11, 2016 | X-Deadly

			9		2			
	4						9	
7	3			4			2	6
	6		1		3		8	
9								3
4								7
5			6	9	8			1
		6				8		
			7		1			

No: 256 | Mon, Sep 12, 2016 | Nasty

1	2		7					
			1			3	7	
5			2		3		9	
6			8					
		1				4		
					4			3
	3		4		1			7
	5	8			7			
					5		3	8

No: 257 | Tue, Sep 13, 2016 | Cruel

				4	8		6	
3	2							
1						7		
	4	6			2			
			3			1		
			1	7				
	8						4	
5								

No: 258 | **Wed, Sep 14, 2016** | **Easy**

7		1				2	5	6
							3	
2							9	1
				9	8			5
			2			8	1	
			1					3
9				1				
1	3	4		6				
5		7	9		4			

No: 259 | **Thu, Sep 15, 2016** | **Moderate**

	7		8					
1						3		
6		3		4				
							5	7
				9				
3						6	9	
			7		2			
			5			8		

No: 260 | Fri, Sep 16, 2016 | X-Deadly

				9	8			
	4	6				7		9
	5		3					1
		4					1	
2								5
6						8		2
	6				4		5	
			2			9		
	1	7		5	3			

No: 261 | Sat, Sep 17, 2016 | Easy

					6	1		
			3	2			9	
		3	8	5		6		
	4	6	5				1	
	1	8			4			
2				8			7	
6		1						7
	2		4		9			
						2		

No: 262 Sun, Sep 18, 2016 Nasty

8				9				
	4					2	5	
	6						9	
	9	5	4	6				
	8			5	1			9
		2			7			
		3	6		4			
				7	8	3	6	
								7

No: 263 Mon, Sep 19, 2016 Cruel

2	4		6				5	
9						8		
	5	6		1				
			3	7			2	
				6				9
			2	8			3	
	6	9		2				
7						4		
3	1		4				7	

No: 264 **Tue, Sep 20, 2016** **Moderate**

				5			6	3
					7			5
9							8	
			8			9		
		5		1				
	3							
1			7			4		
8			9					

No: 265 **Wed, Sep 21, 2016** **Easy**

2							5	
					1			8
		3		7			4	
			5	2		3		9
		8	3					
	6							2
			8				7	
8		4				9		
	7		1		9			

No: 266 **Thu, Sep 22, 2016** **X-Deadly**

		2						
		6		3	9		8	
8	7					9		3
			2	7				6
	6		9					
	1					4	3	
		4			2			7
	2				8			
		1	7			5		

No: 267 **Fri, Sep 23, 2016** **Easy**

			3				8	7
	2		4		7			
						4	6	
2					9		5	
7	4						2	8
	9		8					4
	6	5						
			5		4		7	
1	8				3			

No: 268 **Sat, Sep 24, 2016** **Moderate**

	7				4	8		
			1				6	
9								1
				7			5	
				3				
5		4	6					
			8					7
6						3		

No: 269 **Sun, Sep 25, 2016** **Nasty**

				7	9			
				1		8	3	
		8					9	
1								5
9		5	4				8	7
		4		3				
	7		1	8		4		
		3						
5				2	3			

No: 270 | Mon, Sep 26, 2016 | Cruel

6		5		8				
				7		9		
7			6		3		8	
	5					8		
	8						1	9
		7	2			6		
9			1					5
				5	4			
		4				2		3

No: 271 | Tue, Sep 27, 2016 | Easy

		9	2			7	4	
	3							6
4			3					9
6		2		5				
			8		2			
				9		4		8
7					3			4
1							7	
	2	4			8	3		

No: 272 **Wed, Sep 28, 2016** **Moderate**

	3		1					
		7					4	
				5		9		
9						6	8	
	5		7					
5		8		6				
					7			3
6								

No: 273 **Thu, Sep 29, 2016** **X-Deadly**

8			3	7			5	
	3		9					7
			1		8			
		1				7		6
							8	
		5				4		9
			8		9			
	7		6					3
5			2	1			6	

No: 274 | Fri, Sep 30, 2016 | Nasty

5	6			4			2	9
1		9				6		5
2			8		4			1
			9		6			
		7		2		5		
8	9	5				2	4	7
		2				9		

No: 275 | Sat, Oct 1, 2016 | Cruel

					7		8	
	9			5				
8						1		
			3			6		
4								
								9
3			1	6				
	5						4	7
			9					

No: 276 Sun, Oct 2, 2016 Moderate

7				3				6
5			9		1			2
		2	8		9	4		
1								3
	5						8	
2		1				8		5
	3						2	
	6		4		5		3	

No: 277 Mon, Oct 3, 2016 Easy

	3				6			
7			3			2	8	9
								7
	6			5				
			6		4	1		
2				9		4		5
	8			6	2			
	7							
	4	9			7			6

No: 278 | Tue, Oct 4, 2016 | X-Deadly

				4			8	
	7		8			6		1
1	5						2	
5			3					
	9	7						3
8					4		6	
7				5				
				2		8	4	
		4	7		6	1		

No: 279 | Wed, Oct 5, 2016 | Nasty

	9			6			2	
	7						3	
2		3				5		4
7				3				6
	4		5		8		9	
5			2		7			9
			4		6			
		4				1		

No: 280 | Thu, Oct 6, 2016 | Cruel

			2		1		3	
6								
		7						
1	2		8					
						3	7	
						5		
			6	5				1
4	7							
		3						

No: 281 | Fri, Oct 7, 2016 | Easy

	5	8			1			
		9	4		6	3	1	
		3		9				
4		1					8	
	8					5		4
				2		1		
	2	6	1		5	9		
			7			6	5	

No: 282 | Sat, Oct 8, 2016 | Moderate

					8			
			1	7	2		5	
		7	4	6			2	
	1	2	3					
	8	9					4	2
7	5							1
							7	
	7	5		8		4		6
				5	4		3	

No: 283 | Sun, Oct 9, 2016 | X-Deadly

5	8							
			6		4		8	
	3					9		5
			5	2			3	
7	5				6			
			9	8			6	
	9					2		7
			8		9		1	
3	6							

No: 284 | Mon, Oct 10, 2016 | Nasty

9	3							
		5		2			7	
	1				9			5
		4		7				1
1							8	
		2		5				6
	8				7			2
		3		4			9	
5	9							

No: 285 | Tue, Oct 11, 2016 | Easy

	9		4		5		7	
	2	1	7		8	6	5	
			2		6			
1				8				7
	3						8	
			9		1			
4								5
		8	6		2	4		

No: 286 | Wed, Oct 12, 2016 | Moderate

5							1	
			8				4	5
				1				9
	8			6		3		
		4	5			9		6
					3			
			9	3				
7	1						6	
	5	8		4				

No: 287 | Thu, Oct 13, 2016 | Cruel

		2						3
			3	1		9		
5						2	8	
		6						
3	7		4	8			6	
			9	7			4	
					8			7
2				9				
7	8			3		5		

No: 288 **Fri, Oct 14, 2016** **Easy**

	7					5		1
1	6							
		3						6
				6				3
			8	4			1	
					3	9	7	
4					1		3	
				5	7	2		
6		5	2					

No: 289 **Sat, Oct 15, 2016** **X-Deadly**

			6			2	3	
				1	8	7		
								4
2			4					8
	3			9		4		
	9				2	3		
3	6			7	4			5
5								7
		2	5			8	9	

No: 290 | Sun, Oct 16, 2016 | Moderate

		2						5
	3		1	6			9	
6					2		8	
	9			4		8		
	4		7		1			
		5		3		4		9
			6		3	7		
	2	7						
4					9			

No: 291 | Mon, Oct 17, 2016 | Nasty

					9		7	
					2	1		8
		5				9	6	
			9		4			
							2	3
2	8		7					
	6	4						
7		1		5				
	2			3				7

No: 292 | Tue, Oct 18, 2016 | Easy

			4				5	
		5	7				2	3
	6	3				8		
4	7			5				
			3					
					2		7	4
		9				1		
6	5				3			9
	8				9		6	

No: 293 | Wed, Oct 19, 2016 | Cruel

					3			9
			2	8		7		
		1					4	
		8	1					3
	7			2			6	
	1		4		5		9	
7	5				6	1		
		9	5	3				
		2						

No: 294 | Thu, Oct 20, 2016 | Moderate

6			4		5			1
	4		1		3		5	
				2				
4			3		1			6
8								4
	2	3				8	7	
		5	7		9	1		
			2		6			

No: 295 | Fri, Oct 21, 2016 | Easy

	4		7	9		3		2
7		8				6		
	5							
3				5	7			
9			3				4	
			2			9		
5	3				2			8
				6				7
6						4	2	

No: 296 | Sat, Oct 22, 2016 | Nasty

	3				9		6	8
		7		8	5		2	
2								
					3		1	
		9				4		
	2		5					
								7
	1		4	3		9		
5	9		1				8	

No: 297 | Sun, Oct 23, 2016 | Cruel

							7	3
	4		5					
			9		2			
3				6			8	
	5					9		
				7				
7				1				
			4			2		
8								

No: 298 | Mon, Oct 24, 2016 | Easy

		1	7	8		2		
		4			5			6
	6				2			
1		8			4			
	9						7	
			8			3		2
			1				9	
9			5			4		
		7		4	9	5		

No: 299 | Tue, Oct 25, 2016 | X-Deadly

6	5						2	9
		3				6		
8		6	1		3	9		4
	1		6		7		5	
		8	2		6	7		
4			9		8			3
				1				

No: 300 **Wed, Oct 26, 2016** **Nasty**

		8						
			1			7	5	9
4				2		8		
	5						7	
		3			6	1	2	
				7				
	8	1		3				
	3		5	4				
	6							2

No: 301 **Thu, Oct 27, 2016** **Easy**

	5	9	2		3	6		
			8			1	5	
4					9			3
7	2							
						7		
8	3							
2					5			4
			6			5	2	
	4	5	3		2	9		

No: 302 **Fri, Oct 28, 2016** **Moderate**

			4			7	8	
							3	4
	4	2						5
	3	4	7					
	9	8						
5					1			7
		5		7	9	2		
				1	5	3		
			2					

No: 303 **Sat, Oct 29, 2016** **Cruel**

				1		6		2
	7	3						
	9		5				3	
8				4				
1								
			3		7			
			9			4		
2						1		

No: 304 | Sun, Oct 30, 2016 | Easy

				4			9	8
			6		5			
			7	8			4	
	6	9					3	
5		4				7		
	3					1		
				9	7		5	
2		5	8			9		
8								1

No: 305 | Mon, Oct 31, 2016 | X-Deadly

	2							7
4		8				3		
	5	6						
				8	2			9
			3			4		
			6			7	3	
	7			1	6		2	
					3	6		5
2			8				9	

No: 306 | Tue, Nov 1, 2016 | Moderate

				8				
4	3		1	9			7	
	8				4			3
1		4	5					
8								6
					8	1		7
9			4				6	
	1			6	3		5	9
				7				

No: 307 | Wed, Nov 2, 2016 | Nasty

1		3						
				4				9
						5		
5	4			9				
	7					8		
							3	
6			3		8			
			7				1	5

No: 308 | Thu, Nov 3, 2016 | Cruel

				2		6		5
7	8							
		6		5				
	4						7	
						3		
9			7		4		1	
		5				9		
			8					

No: 309 | Fri, Nov 4, 2016 | Easy

		8				6		
			1	3	2			
		9	6		8	4		
4			3		6			1
		1				7		
		5				9		
6			5		1			7
			4		7			
	2						5	

No: 310 **Sat, Nov 5, 2016** **Moderate**

	8		5	6			1	
6	4		8					5
				4	7			
3	2				8			
7		5				1		
		4	3			9		
				8	9			2
2							9	
	3					7		

No: 311 **Sun, Nov 6, 2016** **X-Deadly**

			6	4	7			
			5		1			
	4			8			1	
		1				6		
	6	9				8	7	
		5	2		4	3		
6		2				7		8
9								6
	3						4	

No: 312 | Mon, Nov 7, 2016 | Easy

	2		9			4		
9								
		5	2					
2		4			3		1	
					4	7	3	
			8	7		2		
6				1	2	9		7
			7	3				1
						8	4	

No: 313 | Tue, Nov 8, 2016 | Nasty

1	8							
				7		6		
						3		
							1	4
	6	7						
					5		8	
			7	3		9		
4							5	
			6					

No: 314 | Wed, Nov 9, 2016 | Cruel

9		8		7	1			
				2		8	9	
							1	
	5	6	1					4
				6			7	8
					2			
	4				7			5
1		3			5			
8	7							2

No: 315 | Thu, Nov 10, 2016 | Easy

						6		4
	3			6			8	
4		6	7			1	3	
		7	3		1			
		4	9		2			
5		1	6			9	2	
	2			1			5	
						8		3

No: 316 | Fri, Nov 11, 2016 | Moderate

				7		5	9	
8							3	
	2							
5	7					4		
	4		9					
			1		3			
1		3						
			2			6		

No: 317 | Sat, Nov 12, 2016 | Nasty

4			8			1		
				5				
6			2		4			
		7				3	5	
							9	
	5			3				
9								7
			1			2		

No: 318	Sun, Nov 13, 2016	Easy

2				6			7	3
		1		5				
	9			1			5	2
							1	
5	4	8					2	
					9			6
9		3	6	7				5
1		7			8		3	

No: 319	Mon, Nov 14, 2016	Moderate

				7	3		8	
5						6		
1			8	9				
							7	3
						4		
		9	6					
	7						1	
			2			5	6	

No: 320 **Tue, Nov 15, 2016** **Cruel**

		7	2					1
		4			9			
1	6					8		
6			1				8	2
						9	3	6
	5							
		5		9			1	
			8	7		2		3
8			3	2			4	

No: 321 **Wed, Nov 16, 2016** **Easy**

			2			5		4
4	1	6				9		
								6
				6	4		7	
			7		5			
	9		3	1				
2								
		1				6	3	9
9		4			8			

No: 322 Thu, Nov 17, 2016 X-Deadly

					9	4		
		6	2			1	3	
	1						6	5
	7			9				3
			3		1			
2				6			7	
1	2						4	
	6	7			5	3		
		9	1					

No: 323 Fri, Nov 18, 2016 Nasty

2				5				
						3		
			6					
			7		3	4		
5	9							
			4					
				8			2	5
1	7	3						
							9	

No: 324 | Sat, Nov 19, 2016 | Moderate

				7		9	4	
				6	5		3	2
			9			7	8	
		9		1		8		
1	7		3	2				
	4							9
3		4	7					
8	5	6						
	1				3			

No: 325 | Sun, Nov 20, 2016 | Cruel

	3		2					
6		7						
	9		6		4			
8		9			7		4	
							1	2
		3	9					8
						7		1
			1	3				9
				9	8	6	5	

No: 326 | Mon, Nov 21, 2016 | Easy

	7			1			6	
9		1						7
	2							
				7	5	4		8
2			9		4		7	6
			2	6				3
			6			8		
3				5				
	9		3	2	1			5

No: 327 | Tue, Nov 22, 2016 | X-Deadly

		9		8			1	
			1			5	2	
3			5		2	8		
	8	4	7					
2				4			9	
		7			3			6
	4	6				9		
7	9			5				
					4			

No: 328 **Wed, Nov 23, 2016** **Moderate**

				2	4	1		
			6	1	5			
				8				
	4		2				9	
7	1					4		
9	6	5					3	
4			3					8
			5		7		6	
						5		3

No: 329 **Thu, Nov 24, 2016** **Nasty**

			1				5	
	3					6		
5			7					
		1					7	
				4	3			
	9							
8						3		4
		7	8					
						9		

The Must Have 2016 Sudoku Puzzle Book

No: 330 | Fri, Nov 25, 2016 | Easy

				3	4	1		
	2		5					4
					7			8
	9							1
8						5	7	
1		2				3	9	
6				7	8			
				5	3		4	
	7	3	4					

No: 331 | Sat, Nov 26, 2016 | Cruel

		9			1		6	
								8
3						2		
				4			8	1
			3		2			5
7				8		9		
		3			5		7	
6			9			4		
	8		1	7				

No: 332 Sun, Nov 27, 2016 Easy

			2		7		4	8
		4	9					
	7				6			
7	3							9
					1	8		
4		1		5		3		
				8	4		5	
3						2		
6			7					

No: 333 Mon, Nov 28, 2016 Moderate

				1				4
		2		6			8	1
		5			9		3	
			2			8		
	8						7	
		6			3			
	4		6			1		
7	9			2		4		
5				9				

No: 334 | Tue, Nov 29, 2016 | Nasty

			2			6		
			7				9	
	3							
1			5		8			
						3		4
2								
				4	3	9		
5							1	
				7				

No: 335 | Wed, Nov 30, 2016 | Easy

5			2		1		8	
		2			6			9
7								
	8		7				5	6
3		5						
4					2			7
				6			1	
					3			
			8	4		5		3

No: 336 | Thu, Dec 1, 2016 | Cruel

		5			2	6	1	
7						2		8
	1						7	9
	4		5					3
	9							
	2	1			7			
			2					5
			3	8	6	9		
							4	

No: 337 | Fri, Dec 2, 2016 | Moderate

6	8					9		
9					1			8
					2		1	7
					3		8	
				5				6
	7	2	6		8			
4								
		3	7					
	5	9		4				

No: 338 Sat, Dec 3, 2016 **Nasty**

		7					6	
					3		8	
2								
			2	5		7		
	8					9		
	6		4					
5				4		1		
								3
					8			

No: 339 Sun, Dec 4, 2016 **X-Deadly**

		4				3		
			8		2			
	9	6				1	2	
	3	1				2	9	
	6		7		9		3	
			3	8	4			
	1						6	
3			1		5			9

No: 340   Mon, Dec 5, 2016   **Easy**

			4			6		
	9				3			
		6			1		9	7
6					9	3		
					6			5
	3	1	5	7			2	
1			6					
		7			8			
		5		2				

No: 341   Tue, Dec 6, 2016   **Moderate**

		3	7					4
		9				8		
6	5	8	1					
9		4				3		
				5				2
							1	
	3		5				8	
					7	9		6
7				3			4	

No: 342 | Wed, Dec 7, 2016 | Cruel

					6			
6	4	7			8			
		2					5	
4	7	6			1			5
				5				
8			7			1	6	4
	5					9		
			9			4	8	6
			3					

No: 343 | Thu, Dec 8, 2016 | Easy

		9		3		4		
		4	7				5	
2	3							9
	7				6			
1								4
			8				2	
6							4	2
	1				2	7		
		8		6		5		

No: 344 | Fri, Dec 9, 2016 | Nasty

	3							5
9			7					
			2				8	
	8			5				
							7	
						1		
1					4	9		
		7				3		
				8				6

No: 345 | Sat, Dec 10, 2016 | Moderate

9								8
		8				5		
	4		7		3		9	
			2		1			
5			6	9	4			2
1	7						6	5
	2						4	
		6		3		7		

No: 346 **Sun, Dec 11, 2016** **Easy**

		2	5		7	3	6	
			2					5
	7	5						9
				1	9			3
4			3		5			
				6			9	1
9						1		2
						9		
6		4		2				

No: 347 **Mon, Dec 12, 2016** **Cruel**

					4		9	2
				9				1
			1	2	3		5	
		3				8		
	4	8		5				
1		7						9
			7			1	2	
3		2				4		
7	6				5			

No: 348 | **Tue, Dec 13, 2016** | **Moderate**

2	5						6	4
		6	2		7	5		
	7		4	5	3		2	
				8				
	3	8				6	1	
	9						8	
			5	7	9			
3								1

No: 349 | **Wed, Dec 14, 2016** | **Nasty**

	1	3						
			5			7		
	8						3	9
7							8	
			2					
6				8	3			
5				9		4		
					1			

No: 350 | **Thu, Dec 15, 2016** | **X-Deadly**

				7	8		3	
	5							
				3				
	9		5			6		
	1					9		
8								
4			6					
			9			5		
3							7	

No: 351 | **Fri, Dec 16, 2016** | **Easy**

	8							
		4	2		8	5		
		7		4			9	
7					4			2
	1						5	
6					3			9
		3		5			2	
		8	9		6	7		
	9							

No: 352 **Sat, Dec 17, 2016** **Cruel**

			3					
5		9					2	
	4			5		7		9
		7	1			2		4
	8						1	
1		5			2	3		
7		1		4			9	
	3					4		7
					8			

No: 353 **Sun, Dec 18, 2016** **Moderate**

9			7					5
	8	1						
				1				
	1	9		4				
	2			9	7	1		
8		3						6
	4		9		5		7	
		8		2	3		5	
			4					2

No: 354 | Mon, Dec 19, 2016 | Easy

			9		1			
			2					7
9				8		1		6
	4	7		5				
	8						2	
				9		5	6	
3		6		1				5
4					7			
			8		3			

No: 355 | Tue, Dec 20, 2016 | Nasty

4	9							
						2	4	
				3				
					9	7		
5			8					
						3		5
	3	7						
			4				6	
			1				8	

No: 356 Wed, Dec 21, 2016 Moderate

			7	8				
	2	1						
	8		2		9			
	1	7		5	3	2		
9					8			3
		8				6		5
	6		4		2		7	
		4			5	1	3	
				7				

No: 357 Thu, Dec 22, 2016 Cruel

2		9			6			
	1					3		
6			3					1
		8	1	3			5	
								2
		6	4	9			8	
9			2					4
	7					6		
3		4			5			

No: 358 | Fri, Dec 23, 2016 | Easy

		6	8		2		5	
		2			4	9		7
9	5			3				
2							9	5
		1						
5	3					2		
	7				3			8
8			1					
	9		2			7		

No: 359 | Sat, Dec 24, 2016 | Nasty

7	1			9				
		4					3	
						4		
6			3			8		
8	5			7				
			4				1	
5								7
			1					

No: 360 Sun, Dec 25, 2016 Nasty

8				5	4			
							7	3
		7	3					
				1		8		
6							9	
1						5		
	9		7					
	8		6					

No: 361 Mon, Dec 26, 2016 Easy

							8	
		5		9		1	2	3
	7				2			9
						6	1	7
	9							
		2			1			
	8		4				3	
9	1		8			4		
	4	6	2					

No: 362 | Tue, Dec 27, 2016 | Cruel

6			5		8			2
		7				6		
				9				
		9				8		
			4		3			
	4	6		7		1	2	
9		3	7		6	4		5
	8						7	
		4				9		

No: 363 | Wed, Dec 28, 2016 | Moderate

	5	4	6					
				5		8		
	2						7	
			1			9		6
	7							
4								
6		1				3		
				7	2		8	
							5	9

No: 364 | Thu, Dec 29, 2016 | Nasty

	4		5					
						7	1	
		3						
			6					4
9							5	
7								
				9	7	8		
				1		3		
	3							6

No: 365 | Fri, Dec 30, 2016 | X-Deadly

			7					6
	9						8	
	3							
6				5				8
				1	9	3		
7								
8			4					
					5		1	
						9		

No: 366 | Sat, Dec 31, 2016 | very easy

	6		5			3	2	
3	2					1		7
							5	6
	3	8		4				
			7		6			
				2				9
7		3			1			
8					4		6	1
	4	6					3	

No: 367 | Sun, Jan 1, 2017 | easy

9	5		3					
6		7						
			1		2			
				8		3		1
5			9					
						2		
	1						4	
				6			9	
	3		5	2				

The Must Have

Sudoku Puzzle Book

SOLUTIONS

1

3	2	4	9	1	8	7	5	6
6	5	1	3	2	7	8	4	9
9	8	7	6	4	5	2	3	1
1	3	6	8	7	4	9	2	5
2	4	9	1	5	6	3	8	7
8	7	5	2	9	3	6	1	4
5	9	3	7	8	1	4	6	2
7	1	8	4	6	2	5	9	3
4	6	2	5	3	9	1	7	8

2

9	3	7	1	6	2	4	5	8
8	6	2	4	3	5	7	9	1
1	5	4	7	9	8	2	6	3
5	7	1	3	4	9	8	2	6
2	8	6	5	1	7	3	4	9
4	9	3	2	8	6	1	7	5
6	4	8	9	2	3	5	1	7
7	2	9	8	5	1	6	3	4
3	1	5	6	7	4	9	8	2

3

9	8	3	1	5	6	7	2	4
2	6	4	8	3	7	1	5	9
5	7	1	4	2	9	6	3	8
6	4	5	2	1	3	8	9	7
7	3	2	9	8	4	5	6	1
8	1	9	6	7	5	3	4	2
3	9	6	7	4	1	2	8	5
4	2	7	5	6	8	9	1	3
1	5	8	3	9	2	4	7	6

4

1	8	5	6	9	3	7	4	2
9	3	2	7	1	4	8	5	6
6	7	4	2	8	5	9	3	1
4	2	9	3	5	8	1	6	7
8	5	3	1	6	7	4	2	9
7	6	1	4	2	9	3	8	5
5	1	7	8	4	6	2	9	3
3	4	6	9	7	2	5	1	8
2	9	8	5	3	1	6	7	4

5

2	7	3	1	4	9	6	8	5
4	9	5	6	8	3	7	1	2
6	1	8	2	5	7	4	3	9
3	2	1	4	6	8	9	5	7
9	8	6	7	2	5	3	4	1
5	4	7	3	9	1	2	6	8
7	5	4	9	1	6	8	2	3
1	6	9	8	3	2	5	7	4
8	3	2	5	7	4	1	9	6

6

8	2	1	3	4	5	9	7	6
6	5	3	2	9	7	8	4	1
4	9	7	1	6	8	3	5	2
9	1	4	7	5	3	2	6	8
5	3	8	6	2	9	7	1	4
2	7	6	4	8	1	5	3	9
3	6	2	8	7	4	1	9	5
7	4	9	5	1	2	6	8	3
1	8	5	9	3	6	4	2	7

7

4	5	7	1	8	2	3	9	6
2	1	8	6	9	3	4	7	5
3	9	6	7	5	4	1	2	8
8	7	1	9	2	6	5	3	4
6	2	4	5	3	7	8	1	9
9	3	5	8	4	1	2	6	7
1	4	9	2	6	5	7	8	3
7	6	3	4	1	8	9	5	2
5	8	2	3	7	9	6	4	1

8

6	7	8	1	5	9	3	4	2
9	2	1	6	3	4	8	5	7
4	3	5	7	8	2	9	6	1
1	8	4	9	7	5	6	2	3
5	9	3	2	6	8	1	7	4
2	6	7	4	1	3	5	8	9
3	4	6	5	9	7	2	1	8
8	5	2	3	4	1	7	9	6
7	1	9	8	2	6	4	3	5

9

8	7	6	5	4	1	2	9	3
1	9	4	3	2	7	5	8	6
2	3	5	8	9	6	4	7	1
3	8	9	2	7	5	6	1	4
5	4	1	9	6	3	8	2	7
7	6	2	4	1	8	3	5	9
6	2	3	1	5	9	7	4	8
9	5	7	6	8	4	1	3	2
4	1	8	7	3	69	9	6	5

10

5	1	6	2	3	9	7	8	4
8	4	2	1	7	5	9	3	6
9	3	7	6	4	8	1	2	5
6	2	8	9	1	7	5	4	3
7	9	4	3	5	2	8	6	1
3	5	1	4	8	6	2	9	7
2	8	3	7	6	1	4	5	9
1	6	9	5	2	4	3	7	8
4	7	5	8	9	3	6	1	2

11

1	4	6	9	2	8	3	7	5
9	3	8	1	5	7	4	6	2
7	2	5	4	3	6	9	1	8
2	1	7	6	9	4	8	5	3
5	6	4	8	7	3	1	2	9
3	8	9	5	1	2	7	4	6
6	9	1	3	4	5	2	8	7
4	5	2	7	8	9	6	3	1
8	7	3	2	6	1	5	9	4

12

9	5	1	6	8	4	3	7	2
7	3	4	2	1	9	5	8	6
6	8	2	3	5	7	1	9	4
2	7	3	1	4	8	6	5	9
4	9	8	5	3	6	7	2	1
1	6	5	7	9	2	8	4	3
8	1	9	4	7	3	2	6	5
3	4	6	8	2	5	9	1	7
5	2	7	9	6	1	4	3	8

13

9	7	2	8	5	3	1	6	4
4	3	5	6	1	9	2	8	7
1	8	6	4	7	2	9	3	5
5	4	1	2	3	7	6	9	8
6	2	8	1	9	4	5	7	3
3	9	7	5	6	8	4	1	2
7	6	4	9	8	5	3	2	1
2	1	3	7	4	6	8	5	9
8	5	9	3	2	1	7	4	6

14

8	3	7	5	9	2	6	1	4
5	1	2	6	4	3	8	9	7
4	9	6	7	1	8	2	3	5
6	2	3	9	5	4	1	7	8
7	5	1	8	2	6	3	4	9
9	4	8	3	7	1	5	6	2
2	8	9	1	3	7	4	5	6
1	6	5	4	8	9	7	2	3
3	7	4	2	6	5	9	8	1

15

1	9	2	5	4	6	7	8	3
8	6	4	1	3	7	5	2	9
7	3	5	8	9	2	6	1	4
5	8	9	7	2	3	4	6	1
3	4	1	6	5	9	8	7	2
6	2	7	4	1	8	3	9	5
2	7	3	9	6	4	1	5	8
4	1	8	2	7	5	9	3	6
9	5	6	3	8	1	2	4	7

16

7	4	6	1	5	3	9	2	8
1	8	3	4	9	2	6	7	5
9	5	2	6	8	7	1	3	4
6	2	7	5	4	9	3	8	1
8	9	4	7	3	1	2	5	6
5	3	1	8	2	6	4	9	7
2	1	8	9	7	4	5	6	3
3	6	5	2	1	8	7	4	9
4	7	9	3	6	5	8	1	2

17

6	7	1	8	9	3	5	2	4
4	8	5	1	2	6	7	9	3
9	2	3	4	5	7	1	6	8
3	4	2	6	7	1	8	5	9
8	9	7	5	3	2	4	1	6
5	1	6	9	4	8	3	7	2
1	3	4	7	6	9	2	8	5
7	5	9	2	8	4	6	3	1
2	6	8	3	1	5	9	4	7

18

1	7	6	4	8	3	2	5	9
5	3	4	2	6	9	1	7	8
2	9	8	5	7	1	3	4	6
8	1	9	3	5	7	6	2	4
6	2	5	9	4	8	7	1	3
3	4	7	1	2	6	9	8	5
4	8	3	7	9	2	5	6	1
9	5	2	6	1	4	8	3	7
7	6	1	8	3	5	4	9	2

19

2	7	3	5	9	6	1	4	8
5	9	8	1	4	3	2	6	7
4	1	6	7	2	8	9	3	5
8	5	4	9	3	7	6	2	1
1	6	9	4	5	2	7	8	3
7	3	2	8	6	1	5	9	4
3	8	5	2	7	9	4	1	6
6	2	7	3	1	4	8	5	9
9	4	1	6	8	5	3	7	2

20

6	9	3	7	5	8	2	4	1
8	1	5	2	4	9	7	6	3
2	4	7	1	3	6	9	5	8
3	5	1	6	2	7	8	9	4
7	2	9	4	8	5	3	1	6
4	8	6	3	9	1	5	2	7
5	6	4	9	7	3	1	8	2
1	7	8	5	6	2	4	3	9
9	3	2	8	1	4	6	7	5

21

5	1	2	9	8	3	4	7	6
6	8	7	4	1	5	9	3	2
9	3	4	7	6	2	5	8	1
1	5	6	8	7	9	2	4	3
2	7	9	1	3	4	6	5	8
3	4	8	2	5	6	1	9	7
8	9	1	5	2	7	3	6	4
4	2	3	6	9	8	7	1	5
7	6	5	3	4	1	8	2	9

22

8	4	9	5	7	1	2	3	6
1	6	5	3	8	2	7	4	9
7	3	2	9	6	4	5	1	8
5	2	1	6	4	9	3	8	7
4	7	6	8	2	3	1	9	5
3	9	8	7	1	5	4	6	2
6	1	3	2	5	8	9	7	4
2	8	4	1	9	7	6	5	3
9	5	7	4	3	6	8	2	1

23

7	5	2	4	8	3	9	1	6
8	3	4	9	1	6	2	5	7
6	9	1	2	7	5	3	4	8
3	2	6	7	9	1	5	8	4
1	4	9	3	5	8	6	7	2
5	8	7	6	4	2	1	3	9
9	7	3	5	6	4	8	2	1
4	1	5	8	2	9	7	6	3
2	6	8	1	3	7	4	9	5

24

4	6	3	7	8	9	2	5	1
1	7	2	4	3	5	6	8	9
8	5	9	2	6	1	4	3	7
3	2	7	9	5	6	8	1	4
5	8	4	1	2	7	3	9	6
6	9	1	3	4	8	5	7	2
9	4	5	8	1	2	7	6	3
7	3	6	5	9	4	1	2	8
2	1	8	6	7	3	9	4	5

25

9	7	8	3	1	6	5	2	4
3	4	6	5	9	2	8	7	1
1	5	2	8	4	7	6	3	9
4	8	7	6	5	1	2	9	3
5	9	1	4	2	3	7	6	8
2	6	3	9	7	8	4	1	5
7	3	5	1	6	4	9	8	2
8	2	4	7	3	9	1	5	6
6	1	9	2	8	5	3	4	7

26

8	1	4	9	2	7	5	6	3
7	9	2	5	3	6	4	1	8
6	3	5	8	1	4	7	2	9
2	7	3	1	9	5	8	4	6
1	5	6	4	8	2	9	3	7
4	8	9	7	6	3	2	5	1
3	4	8	2	7	1	6	9	5
5	6	7	3	4	9	1	8	2
9	2	1	6	5	8	3	7	4

27

5	9	8	4	7	2	1	6	3
1	7	4	3	9	6	5	2	8
2	3	6	8	5	1	4	7	9
3	5	9	7	8	4	2	1	6
6	2	7	1	3	5	8	9	4
4	8	1	6	2	9	3	5	7
7	1	2	9	4	3	6	8	5
9	4	5	2	6	8	7	3	1
8	6	3	5	1	7	9	4	2

28

7	1	6	4	3	5	2	8	9
2	4	3	9	1	8	7	6	5
9	5	8	7	6	2	4	3	1
5	9	7	6	2	4	3	1	8
1	6	4	3	8	9	5	2	7
8	3	2	5	7	1	6	9	4
4	8	5	2	9	3	1	7	6
6	2	1	8	5	7	9	4	3
3	7	9	1	4	6	8	5	2

29

4	7	1	6	8	3	2	9	5
3	9	6	5	7	2	1	4	8
2	5	8	1	4	9	7	6	3
7	3	9	4	5	1	8	2	6
8	6	2	9	3	7	5	1	4
1	4	5	8	2	6	3	7	9
5	2	7	3	6	4	9	8	1
6	1	3	2	9	8	4	5	7
9	8	4	7	1	5	6	3	2

30

2	4	3	5	7	8	9	1	6
6	7	1	9	3	4	8	2	5
8	5	9	2	1	6	4	3	7
4	8	6	1	9	7	2	5	3
7	3	5	8	4	2	6	9	1
9	1	2	3	6	5	7	4	8
5	6	7	4	2	1	3	8	9
3	2	8	6	5	9	1	7	4
1	9	4	7	8	3	5	6	2

31

7	9	3	2	4	1	8	5	6
8	1	6	3	7	5	2	9	4
5	2	4	9	6	8	3	1	7
6	5	2	4	3	7	1	8	9
1	3	7	8	2	9	6	4	5
9	4	8	5	1	6	7	3	2
2	6	5	1	8	4	9	7	3
3	8	9	7	5	2	4	6	1
4	7	1	6	9	3	5	2	8

32

6	7	8	3	9	4	5	2	1
4	3	1	6	2	5	9	8	7
2	9	5	8	1	7	6	3	4
3	2	7	9	6	8	4	1	5
1	5	4	7	3	2	8	6	9
8	6	9	5	4	1	2	7	3
5	8	3	2	7	9	1	4	6
9	1	6	4	8	3	7	5	2
7	4	2	1	5	6	3	9	8

33

9	6	1	2	4	7	3	8	5
7	4	5	1	8	3	9	6	2
8	3	2	5	9	6	1	7	4
6	2	8	4	5	9	7	1	3
4	5	9	7	3	1	6	2	8
3	1	7	6	2	8	4	5	9
2	7	3	9	6	5	8	4	1
1	8	4	3	7	2	5	9	6
5	9	6	8	1	4	2	3	7

34

6	2	7	9	1	5	4	8	3
8	5	9	4	3	2	6	7	1
3	4	1	7	6	8	5	9	2
5	8	4	3	7	1	2	6	9
7	1	3	2	9	6	8	5	4
9	6	2	5	8	4	1	3	7
4	9	6	8	2	3	7	1	5
2	3	8	1	5	7	9	4	6
1	7	5	6	4	9	3	2	8

35

5	9	3	4	2	7	1	6	8
8	7	2	1	6	3	5	4	9
6	1	4	5	9	8	2	7	3
1	8	9	6	3	4	7	2	5
3	6	7	2	8	5	9	1	4
2	4	5	9	7	1	8	3	6
4	5	6	7	1	9	3	8	2
7	2	8	3	5	6	4	9	1
9	3	1	8	4	2	6	5	7

36

1	7	6	3	4	8	5	2	9
8	2	5	6	9	1	7	4	3
3	9	4	5	7	2	1	6	8
2	8	1	7	5	9	4	3	6
9	4	3	2	1	6	8	7	5
6	5	7	8	3	4	9	1	2
4	3	8	9	2	7	6	5	1
5	1	9	4	6	3	2	8	7
7	6	2	1	8	5	3	9	4

37

6	3	9	2	5	8	7	1	4
2	4	5	1	6	7	3	8	9
8	7	1	4	3	9	5	6	2
7	2	4	8	1	3	9	5	6
5	1	3	7	9	6	4	2	8
9	6	8	5	2	4	1	3	7
1	9	2	6	4	5	8	7	3
3	8	6	9	7	1	2	4	5
4	5	7	3	8	2	6	9	1

38

8	4	9	2	7	3	6	5	1
6	7	2	1	8	5	4	9	3
5	1	3	6	9	4	2	8	7
7	6	8	4	5	1	3	2	9
2	9	5	7	3	6	1	4	8
1	3	4	9	2	8	7	6	5
9	8	7	3	4	2	5	1	6
4	5	1	8	6	7	9	3	2
3	2	6	5	1	9	8	7	4

39

5	1	2	3	8	7	4	9	6
6	4	9	5	2	1	7	3	8
3	8	7	4	9	6	1	2	5
9	6	5	1	7	8	2	4	3
2	7	4	6	5	3	9	8	1
1	3	8	9	4	2	5	6	7
4	5	1	8	3	9	6	7	2
7	9	3	2	6	5	8	1	4
8	2	6	7	1	4	3	5	9

40

7	6	4	5	9	3	8	1	2
2	9	8	1	7	4	6	3	5
3	1	5	8	2	6	7	4	9
8	7	1	6	4	5	9	2	3
5	3	6	9	8	2	1	7	4
9	4	2	7	3	1	5	8	6
6	8	3	2	5	7	4	9	1
4	5	9	3	1	8	2	6	7
1	2	7	4	6	9	3	5	8

41

```
8 5 2 3 6 1 7 4 9
9 4 3 7 5 2 1 8 6
1 7 6 8 4 9 5 3 2
7 1 8 2 3 5 6 9 4
6 2 4 1 9 8 3 5 7
5 3 9 4 7 6 8 2 1
3 6 1 5 2 4 9 7 8
4 8 7 9 1 3 2 6 5
2 9 5 6 8 7 4 1 3
```

42

```
4 2 7 1 3 8 5 6 9
5 6 9 2 7 4 1 3 8
8 3 1 6 5 9 4 7 2
1 5 2 8 6 7 9 4 3
3 9 4 5 2 1 7 8 6
6 7 8 4 9 3 2 5 1
2 8 6 9 4 5 3 1 7
7 1 5 3 8 2 6 9 4
9 4 3 7 1 6 8 2 5
```

43

```
4 5 3 9 6 8 2 1 7
7 6 2 1 4 3 8 9 5
8 9 1 5 2 7 6 4 3
3 2 9 7 5 1 4 6 8
6 8 7 4 9 2 5 3 1
5 1 4 8 3 6 7 2 9
2 4 8 3 7 9 1 5 6
9 7 5 6 1 4 3 8 2
1 3 6 2 8 5 9 7 4
```

44

```
8 3 1 5 9 7 6 4 2
5 9 2 3 6 4 8 1 7
6 4 7 2 8 1 9 3 5
4 7 3 8 5 9 2 6 1
2 5 9 4 1 6 3 7 8
1 8 6 7 3 2 4 5 9
7 6 4 9 2 5 1 8 3
9 1 8 6 7 3 5 2 4
3 2 5 1 4 8 7 9 6
```

45

```
9 6 7 5 3 2 4 1 8
5 4 3 8 6 1 7 9 2
1 2 8 9 7 4 3 5 6
7 1 4 6 5 9 8 2 3
3 8 2 4 1 7 5 6 9
6 9 5 3 2 8 1 7 4
8 7 6 1 9 3 2 4 5
4 5 1 2 8 6 9 3 7
2 3 9 7 4 5 6 8 1
```

46

```
2 8 7 4 9 5 1 6 3
5 1 9 3 7 6 2 8 4
3 6 4 1 2 8 9 5 7
7 3 1 8 6 9 4 2 5
9 5 6 7 4 2 8 3 1
4 2 8 5 3 1 6 7 9
8 9 3 6 1 7 5 4 2
6 4 2 9 5 3 7 1 8
1 7 5 2 8 4 3 9 6
```

47

```
3 4 9 6 1 8 7 5 2
2 8 1 7 5 9 4 3 6
5 7 6 2 4 3 9 1 8
4 2 3 9 7 5 8 6 1
6 9 7 8 2 1 5 4 3
8 1 5 3 6 4 2 9 7
7 5 2 1 9 6 3 8 4
1 3 4 5 8 7 6 2 9
9 6 8 4 3 2 1 7 5
```

48

```
9 1 6 3 7 8 5 2 4
8 5 3 4 2 9 6 7 1
4 7 2 5 1 6 3 9 8
3 8 7 2 6 5 4 1 9
6 2 1 8 9 4 7 3 5
5 4 9 7 3 1 8 6 2
1 3 8 6 4 2 9 5 7
7 9 5 1 8 3 2 4 6
2 6 4 9 5 7 1 8 3
```

49

```
1 6 3 7 9 4 2 5 8
2 8 5 3 6 1 9 4 7
7 4 9 8 5 2 3 1 6
4 5 1 6 8 9 7 2 3
8 9 7 2 1 3 4 6 5
6 3 2 4 7 5 8 9 1
5 1 4 9 3 8 6 7 2
9 7 8 5 2 6 1 3 4
3 2 6 1 4 7 5 8 9
```

50

```
2 9 5 6 7 3 1 8 4
7 6 8 5 1 4 9 2 3
4 1 3 2 8 9 7 5 6
5 4 9 8 3 7 2 6 1
1 3 6 4 2 5 8 9 7
8 2 7 1 9 6 3 4 5
6 8 1 7 4 2 5 3 9
3 5 2 9 6 1 4 7 8
9 7 4 3 5 8 6 1 2
```

51

```
8 3 7 4 2 6 5 9 1
5 1 9 7 3 8 2 6 4
2 6 4 1 9 5 8 3 7
1 4 2 9 8 3 7 5 6
7 8 5 6 4 1 9 2 3
6 9 3 2 5 7 4 1 8
4 5 8 3 6 9 1 7 2
3 2 1 5 7 4 6 8 9
9 7 6 8 1 2 3 4 5
```

52

```
6 5 2 1 7 8 3 4 9
9 3 4 5 2 6 1 8 7
1 7 8 3 4 9 6 2 5
7 4 9 6 1 3 2 5 8
2 1 3 8 5 4 7 9 6
5 8 6 7 9 2 4 1 3
8 9 7 2 3 1 5 6 4
3 6 1 4 8 5 9 7 2
4 2 5 9 6 7 8 3 1
```

53

```
5 7 6 4 2 9 3 1 8
2 9 4 1 3 8 5 6 7
8 3 1 6 7 5 2 4 9
9 1 3 8 4 7 6 5 2
7 5 2 9 1 6 4 8 3
6 4 8 3 5 2 7 9 1
3 8 5 7 9 4 1 2 6
1 2 9 5 6 3 8 7 4
4 6 7 2 8 1 9 3 5
```

54

```
5 9 2 3 7 8 1 6 4
3 6 7 4 1 5 8 2 9
4 8 1 2 9 6 3 7 5
2 5 6 7 8 1 9 4 3
7 3 8 6 4 9 5 1 2
1 4 9 5 2 3 7 8 6
9 1 5 8 6 4 2 3 7
6 2 3 1 5 7 4 9 8
8 7 4 9 3 2 6 5 1
```

55

```
1 6 2 9 7 4 8 3 5
4 9 7 8 5 3 1 6 2
8 3 5 6 1 2 7 9 4
9 5 4 3 8 1 6 2 7
3 2 1 4 6 7 5 8 9
6 7 8 5 2 9 3 4 1
7 8 3 2 4 5 9 1 6
5 4 6 1 9 8 2 7 3
2 1 9 7 3 6 4 5 8
```

56

```
6 8 3 9 5 1 2 4 7
7 4 2 6 3 8 5 9 1
5 1 9 4 7 2 6 8 3
4 5 6 8 9 3 1 7 2
2 9 8 1 6 7 3 5 4
3 7 1 2 4 5 9 6 8
9 2 4 3 8 6 7 1 5
1 6 5 7 2 4 8 3 9
8 3 7 5 1 9 4 2 6
```

57

```
9 1 7 8 4 3 2 6 5
2 8 6 7 5 9 3 4 1
5 3 4 6 1 2 7 9 8
8 7 2 4 9 6 5 1 3
6 5 9 3 7 1 4 8 2
1 4 3 2 8 5 9 7 6
3 9 8 1 2 4 6 5 7
7 6 5 9 3 8 1 2 4
4 2 1 5 6 7 8 3 9
```

58

```
2 7 3 4 6 8 9 5 1
4 6 5 1 3 9 8 7 2
8 9 1 7 2 5 4 3 6
5 4 9 2 1 6 3 8 7
7 8 2 3 5 4 6 1 9
1 3 6 9 8 7 2 4 5
9 5 4 6 7 3 1 2 8
3 2 7 8 9 1 5 6 4
6 1 8 5 4 2 7 9 3
```

59

```
8 3 5 1 4 2 6 9 7
1 7 9 8 5 6 4 3 2
2 4 6 7 9 3 8 1 5
6 5 7 2 1 9 3 4 8
4 8 3 6 7 5 9 2 1
9 2 1 3 8 4 7 5 6
5 6 2 9 3 8 1 7 4
7 9 4 5 6 1 2 8 3
3 1 8 4 2 7 5 6 9
```

60

```
4 6 5 2 3 9 1 7 8
9 2 7 5 8 1 3 6 4
3 1 8 7 6 4 5 2 9
7 3 2 9 1 5 4 8 6
8 9 1 6 4 3 2 5 7
5 4 6 8 7 2 9 3 1
1 7 9 3 2 8 6 4 5
2 8 4 1 5 6 7 9 3
6 5 3 4 9 7 8 1 2
```

61

6	1	4	5	7	8	9	2	3
9	8	2	4	3	6	5	7	1
3	7	5	9	1	2	6	4	8
4	5	7	2	6	3	1	8	9
8	6	3	1	9	7	2	5	4
1	2	9	8	4	5	7	3	6
5	9	1	3	2	4	8	6	7
7	3	8	6	5	1	4	9	2
2	4	6	7	8	9	3	1	5

62

4	9	2	5	6	7	3	8	1
8	3	1	4	2	9	7	5	6
7	6	5	1	8	3	9	2	4
2	7	6	9	1	8	4	3	5
1	4	9	6	3	5	2	7	8
5	8	3	7	4	2	6	1	9
9	1	7	2	5	4	8	6	3
6	2	8	3	9	1	5	4	7
3	5	4	8	7	6	1	9	2

63

2	9	5	1	7	6	8	4	3
4	1	3	8	5	2	7	6	9
6	7	8	9	4	3	5	2	1
1	5	6	4	8	7	3	9	2
9	8	4	2	3	1	6	7	5
7	3	2	6	9	5	4	1	8
5	4	1	7	2	8	9	3	6
8	2	7	3	6	9	1	5	4
3	6	9	5	1	4	2	8	7

64

3	5	9	1	7	8	6	2	4
8	7	2	6	3	4	9	5	1
1	4	6	5	2	9	8	3	7
5	2	1	3	9	6	7	4	8
7	8	4	2	5	1	3	6	9
6	9	3	8	4	7	5	1	2
2	6	7	9	1	3	4	8	5
4	1	8	7	6	5	2	9	3
9	3	5	4	8	2	1	7	6

65

2	3	8	4	6	5	7	9	1
1	9	5	8	7	3	4	2	6
7	4	6	2	9	1	5	8	3
8	1	3	9	4	6	2	7	5
5	2	4	7	1	8	3	6	9
9	6	7	3	5	2	8	1	4
4	8	1	5	2	9	6	3	7
6	5	2	1	3	7	9	4	8
3	7	9	6	8	4	1	5	2

66

8	3	1	4	9	7	6	2	5
2	5	6	3	8	1	9	4	7
4	9	7	2	6	5	1	8	3
3	6	2	1	4	9	5	7	8
7	4	9	6	5	8	2	3	1
5	1	8	7	3	2	4	6	9
9	8	4	5	7	6	3	1	2
6	2	5	8	1	3	7	9	4
1	7	3	9	2	4	8	5	6

67

6	3	4	9	8	7	1	2	5
1	8	5	6	3	2	7	4	9
9	2	7	4	5	1	3	8	6
7	1	8	2	9	4	6	5	3
3	6	9	5	1	8	4	7	2
4	5	2	3	7	6	8	9	1
5	4	3	8	6	9	2	1	7
8	9	1	7	2	3	5	6	4
2	7	6	1	4	5	9	3	8

68

7	4	6	9	8	2	1	5	3
1	8	5	4	7	3	2	9	6
3	2	9	1	5	6	8	4	7
6	1	7	2	9	5	3	8	4
9	5	2	8	3	4	7	6	1
8	3	4	7	6	1	5	2	9
4	9	1	3	2	8	6	7	5
2	6	3	5	4	7	9	1	8
5	7	8	6	1	9	4	3	2

69

1	9	5	4	2	7	3	6	8
3	4	2	6	9	8	5	7	1
6	8	7	5	3	1	4	9	2
4	7	1	3	8	6	2	5	9
8	6	9	2	1	5	7	3	4
5	2	3	9	7	4	8	1	6
7	5	6	1	4	2	9	8	3
9	1	4	8	5	3	6	2	7
2	3	8	7	6	9	1	4	5

70

6	5	2	3	1	4	8	7	9
1	4	3	9	8	7	2	6	5
9	7	8	6	5	2	4	3	1
4	3	7	5	2	1	6	9	8
2	8	6	7	3	9	5	1	4
5	1	9	8	4	6	3	2	7
8	9	5	1	6	3	7	4	2
7	6	4	2	9	8	1	5	3
3	2	1	4	7	5	9	8	6

71

9	8	2	1	6	4	5	3	7
4	6	5	9	7	3	2	1	8
7	3	1	2	5	8	6	9	4
8	7	9	5	4	1	3	6	2
3	2	6	8	9	7	1	4	5
5	1	4	3	2	6	8	7	9
2	4	3	7	1	5	9	8	6
1	5	7	6	8	9	4	2	3
6	9	8	4	3	2	7	5	1

72

3	2	9	4	7	6	1	5	8
4	6	5	8	1	9	2	3	7
8	7	1	3	5	2	6	4	9
2	3	4	9	6	1	7	8	5
7	9	6	5	3	8	4	2	1
5	1	8	2	4	7	9	6	3
1	5	2	7	8	4	3	9	6
9	8	7	6	2	3	5	1	4
6	4	3	1	9	5	8	7	2

73

7	2	3	9	4	1	6	5	8
4	6	1	7	8	5	2	3	9
5	9	8	6	3	2	7	4	1
8	7	6	3	9	4	1	2	5
1	4	9	2	5	7	3	8	6
3	5	2	1	6	8	4	9	7
6	1	4	8	2	9	5	7	3
2	8	7	5	1	3	9	6	4
9	3	5	4	7	6	8	1	2

74

6	4	1	7	5	9	8	2	3
2	8	3	1	6	4	5	7	9
7	9	5	8	2	3	4	1	6
1	2	9	5	4	6	7	3	8
8	6	7	3	9	1	2	5	4
3	5	4	2	7	8	6	9	1
5	3	6	9	8	7	1	4	2
4	1	2	6	3	5	9	8	7
9	7	8	4	1	2	3	6	5

75

5	6	1	8	2	4	3	9	7
3	4	9	1	5	7	2	6	8
8	7	2	3	9	6	4	5	1
2	5	6	7	8	9	1	4	3
9	8	4	6	3	1	7	2	5
1	3	7	2	4	5	6	8	9
7	9	8	4	1	2	5	3	6
4	1	5	9	6	3	8	7	2
6	2	3	5	7	8	9	1	4

76

3	9	5	4	2	6	8	1	7
4	1	8	9	5	7	6	2	3
2	6	7	1	8	3	4	9	5
9	2	1	7	6	8	3	5	4
7	8	3	5	9	4	1	6	2
6	5	4	2	3	1	7	8	9
5	4	6	3	1	2	9	7	8
1	7	9	8	4	5	2	3	6
8	3	2	6	7	9	5	4	1

77

7	9	3	8	4	5	1	2	6
6	2	5	1	7	9	3	8	4
4	8	1	6	3	2	7	5	9
1	7	4	5	2	6	8	9	3
8	5	6	3	9	4	2	7	1
9	3	2	7	1	8	4	6	5
5	1	9	2	8	3	6	4	7
3	6	8	4	5	7	9	1	2
2	4	7	9	6	1	5	3	8

78

4	1	3	8	6	5	2	9	7
7	5	8	9	1	2	3	4	6
9	6	2	7	3	4	1	5	8
1	7	6	2	9	3	4	8	5
2	9	4	5	8	1	7	6	3
8	3	5	6	4	7	9	2	1
6	4	9	3	7	8	5	1	2
3	2	1	4	5	6	8	7	9
5	8	7	1	2	9	6	3	4

79

7	3	4	8	6	9	5	1	2
2	6	8	1	5	7	3	9	4
1	9	5	3	4	2	8	7	6
9	5	1	2	8	4	6	3	7
6	8	7	5	9	3	2	4	1
3	4	2	7	1	6	9	5	8
4	7	3	6	2	5	1	8	9
5	1	6	9	7	8	4	2	3
8	2	9	4	3	1	7	6	5

80

9	5	7	2	3	4	6	1	8
3	1	6	7	8	5	9	2	4
8	2	4	9	6	1	3	5	7
4	6	5	8	7	9	2	3	1
1	7	8	3	5	2	4	6	9
2	9	3	4	1	6	7	8	5
5	4	1	6	2	7	8	9	3
7	8	2	1	9	3	5	4	6
6	3	9	5	4	8	1	7	2

81

```
9 6 3 4 5 1 7 2 8
8 7 4 2 6 9 1 3 5
2 1 5 7 3 8 6 4 9
5 2 7 8 4 3 9 6 1
6 4 1 9 7 5 3 8 2
3 8 9 1 2 6 5 7 4
4 5 8 6 9 7 2 1 3
7 9 2 3 1 4 8 5 6
1 3 6 5 8 2 4 9 7
```

82

```
6 5 8 1 9 3 2 4 7
4 7 1 6 2 5 9 3 8
3 9 2 8 4 7 6 1 5
7 8 4 2 5 9 3 6 1
9 1 3 4 8 6 5 7 2
5 2 6 7 3 1 4 8 9
1 4 5 9 6 8 7 2 3
2 3 7 5 1 4 8 9 6
8 6 9 3 7 2 1 5 4
```

83

```
1 8 9 3 2 5 6 7 4
5 2 7 6 4 1 3 9 8
4 6 3 9 7 8 5 1 2
3 4 6 2 5 7 9 8 1
8 5 2 1 9 3 7 4 6
7 9 1 4 8 6 2 5 3
2 3 4 7 1 9 8 6 5
9 1 5 8 6 2 4 3 7
6 7 8 5 3 4 1 2 9
```

84

```
4 9 1 5 2 3 7 6 8
8 3 2 6 4 7 5 1 9
7 6 5 8 9 1 3 2 4
5 8 9 7 1 6 2 4 3
3 1 4 2 5 8 6 9 7
6 2 7 4 3 9 8 5 1
9 7 3 1 6 2 4 8 5
2 4 8 9 7 5 1 3 6
1 5 6 3 8 4 9 7 2
```

85

```
1 8 2 5 7 9 4 6 3
7 9 6 8 4 3 5 1 2
4 3 5 6 2 1 9 8 7
9 4 3 7 8 6 1 2 5
8 5 1 4 3 2 6 7 9
2 6 7 9 1 5 3 4 8
3 2 4 1 9 8 7 5 6
5 7 9 2 6 4 8 3 1
6 1 8 3 5 7 2 9 4
```

86

```
7 4 1 3 6 9 8 2 5
8 2 6 7 5 1 4 3 9
5 3 9 4 2 8 7 1 6
6 8 7 5 9 3 1 4 2
1 5 2 8 4 6 9 7 3
4 9 3 2 1 7 5 6 8
3 6 4 9 7 5 2 8 1
2 1 5 6 8 4 3 9 7
9 7 8 1 3 2 6 5 4
```

87

```
8 6 2 5 3 4 9 1 7
5 4 1 8 9 7 2 3 6
9 3 7 1 6 2 5 4 8
7 5 9 4 2 1 6 8 3
3 1 8 6 5 9 4 7 2
6 2 4 7 8 3 1 5 9
1 9 5 2 7 8 3 6 4
2 7 6 3 4 5 8 9 1
4 8 3 9 1 6 7 2 5
```

88

```
7 9 3 5 1 6 8 2 4
4 6 5 9 8 2 1 3 7
2 1 8 4 7 3 6 5 9
9 3 4 1 6 8 5 7 2
5 7 6 2 3 9 4 1 8
1 8 2 7 5 4 3 9 6
3 4 7 8 2 5 9 6 1
6 2 9 3 4 1 7 8 5
8 5 1 6 9 7 2 4 3
```

89

```
1 8 9 5 7 4 6 2 3
4 7 3 1 2 6 5 8 9
6 5 2 3 8 9 1 7 4
2 4 5 9 6 1 8 3 7
8 3 6 7 5 2 9 4 1
9 1 7 4 3 8 2 5 6
7 2 8 6 1 3 4 9 5
5 6 4 8 9 7 3 1 2
3 9 1 2 4 5 7 6 8
```

90

```
2 9 1 5 4 3 8 6 7
7 8 5 1 9 6 2 4 3
6 4 3 7 8 2 5 9 1
8 6 7 2 1 4 9 3 5
4 3 9 8 5 7 6 1 2
5 1 2 6 3 9 7 8 4
3 2 8 4 6 5 1 7 9
1 5 4 9 7 8 3 2 6
9 7 6 3 2 1 4 5 8
```

91

```
6 8 5 9 7 4 3 1 2
1 7 2 3 6 8 4 5 9
9 4 3 2 5 1 8 7 6
7 1 8 4 9 6 2 3 5
2 3 9 5 1 7 6 4 8
5 6 4 8 3 2 1 9 7
3 2 1 7 8 9 5 6 4
4 9 6 1 2 5 7 8 3
8 5 7 6 4 3 9 2 1
```

92

```
9 1 8 2 7 4 5 3 6
2 5 4 1 3 6 7 9 8
3 6 7 9 5 8 1 2 4
8 7 9 6 2 1 3 4 5
6 3 5 4 9 7 2 8 1
1 4 2 3 8 5 9 6 7
5 9 1 8 6 2 4 7 3
7 2 6 5 4 3 8 1 9
4 8 3 7 1 9 6 5 2
```

93

```
9 8 2 4 3 6 5 1 7
5 4 7 9 8 1 3 2 6
6 3 1 2 7 5 4 8 9
2 9 3 1 6 7 8 5 4
1 5 4 8 2 9 6 7 3
7 6 8 3 5 4 2 9 1
4 2 5 7 1 3 9 6 8
3 1 6 5 9 8 7 4 2
8 7 9 6 4 2 1 3 5
```

94

```
6 2 5 4 3 7 1 8 9
3 1 4 5 8 9 6 7 2
9 8 7 6 2 1 4 3 5
8 4 2 1 7 6 5 9 3
1 9 3 2 5 8 7 6 4
7 5 6 9 4 3 8 2 1
5 7 1 3 6 2 9 4 8
4 3 8 7 9 5 2 1 6
2 6 9 8 1 4 3 5 7
```

95

```
2 9 6 7 5 8 1 4 3
8 5 7 1 3 4 6 2 9
3 1 4 9 6 2 8 5 7
7 8 5 2 4 6 9 3 1
1 2 3 8 7 9 5 6 4
6 4 9 3 1 5 7 8 2
5 6 1 4 9 3 2 7 8
9 3 8 6 2 7 4 1 5
4 7 2 5 8 1 3 9 6
```

96

```
1 8 4 3 6 7 5 9 2
7 3 9 2 5 1 8 4 6
5 6 2 9 8 4 3 1 7
6 5 1 8 7 2 4 3 9
8 2 7 4 9 3 6 5 1
4 9 3 6 1 5 2 7 8
2 1 8 5 4 9 7 6 3
9 4 6 7 3 8 1 2 5
3 7 5 1 2 6 9 8 4
```

97

```
5 6 1 8 9 2 4 3 7
3 8 9 7 1 4 5 2 6
4 2 7 5 3 6 1 8 9
8 3 2 1 6 9 7 5 4
1 5 6 4 7 8 3 9 2
9 7 4 3 2 5 8 6 1
7 9 3 2 5 1 6 4 8
2 1 8 6 4 3 9 7 5
6 4 5 9 8 7 2 1 3
```

98

```
6 9 4 8 2 5 1 7 3
2 7 1 4 3 6 8 9 5
3 5 8 1 9 7 6 2 4
4 6 5 9 7 8 3 1 2
1 8 3 2 6 4 9 5 7
7 2 9 3 5 1 4 6 8
8 4 6 5 1 2 7 3 9
9 1 2 7 8 3 5 4 6
5 3 7 6 4 9 2 8 1
```

99

```
6 4 5 3 2 8 7 9 1
7 1 9 4 6 5 8 3 2
3 2 8 1 7 9 5 6 4
8 3 6 9 4 1 2 7 5
2 5 1 6 8 7 9 4 3
9 7 4 5 3 2 1 8 6
1 8 3 7 5 6 4 2 9
4 9 2 8 1 3 6 5 7
5 6 7 2 9 4 3 1 8
```

100

```
3 7 6 9 8 5 4 1 2
4 1 9 2 7 3 6 8 5
8 5 2 6 1 4 7 3 9
2 8 4 5 6 7 3 9 1
9 6 1 4 3 8 5 2 7
5 3 7 1 2 9 8 4 6
7 4 5 8 9 1 2 6 3
1 2 3 7 4 6 9 5 8
6 9 8 3 5 2 1 7 4
```

101

```
7 8 9 | 6 4 5 | 2 1 3
4 2 3 | 9 1 7 | 6 8 5
1 5 6 | 2 3 8 | 4 9 7
------+-------+------
8 9 5 | 1 7 4 | 3 6 2
6 4 2 | 8 9 3 | 7 5 1
3 7 1 | 5 2 6 | 8 4 9
------+-------+------
5 3 7 | 4 6 9 | 1 2 8
2 6 8 | 3 5 1 | 9 7 4
9 1 4 | 7 8 2 | 5 3 6
```

102

```
2 8 7 | 9 6 5 | 4 1 3
6 1 4 | 8 3 7 | 5 2 9
5 9 3 | 4 2 1 | 7 6 8
------+-------+------
8 4 6 | 2 7 9 | 1 3 5
7 3 5 | 6 1 4 | 9 8 2
1 2 9 | 3 5 8 | 6 7 4
------+-------+------
3 5 1 | 7 9 2 | 8 4 6
9 6 8 | 1 4 3 | 2 5 7
4 7 2 | 5 8 6 | 3 9 1
```

103

```
3 8 7 | 2 5 4 | 6 9 1
9 5 1 | 8 6 7 | 2 3 4
2 4 6 | 3 1 9 | 5 7 8
------+-------+------
4 3 5 | 7 8 6 | 1 2 9
8 7 9 | 1 3 2 | 4 5 6
6 1 2 | 9 4 5 | 7 8 3
------+-------+------
7 2 3 | 4 9 1 | 8 6 5
1 6 8 | 5 7 3 | 9 4 2
5 9 4 | 6 2 8 | 3 1 7
```

104

```
8 4 6 | 7 9 3 | 5 2 1
7 9 5 | 8 2 1 | 4 6 3
2 1 3 | 5 6 4 | 9 8 7
------+-------+------
1 5 9 | 6 3 2 | 8 7 4
4 6 8 | 1 5 7 | 2 3 9
3 7 2 | 4 8 9 | 6 1 5
------+-------+------
5 2 1 | 9 7 8 | 3 4 6
9 3 7 | 2 4 6 | 1 5 8
6 8 4 | 3 1 5 | 7 9 2
```

105

```
7 8 3 | 2 9 4 | 5 6 1
1 4 2 | 5 3 6 | 7 8 9
9 6 5 | 7 8 1 | 2 4 3
------+-------+------
2 5 4 | 3 1 8 | 6 9 7
3 1 6 | 9 2 7 | 4 5 8
8 7 9 | 6 4 5 | 3 1 2
------+-------+------
4 3 1 | 8 6 2 | 9 7 5
5 9 8 | 4 7 3 | 1 2 6
6 2 7 | 1 5 9 | 8 3 4
```

106

```
3 6 8 | 7 5 1 | 2 9 4
4 1 2 | 8 6 9 | 7 5 3
7 9 5 | 3 2 4 | 6 8 1
------+-------+------
2 3 1 | 4 9 8 | 5 7 6
5 7 6 | 2 1 3 | 9 4 8
8 4 9 | 6 7 5 | 1 3 2
------+-------+------
1 8 7 | 9 4 2 | 3 6 5
9 2 4 | 5 3 6 | 8 1 7
6 5 3 | 1 8 7 | 4 2 9
```

107

```
5 4 3 | 7 6 8 | 9 2 1
2 9 6 | 5 1 3 | 7 8 4
7 1 8 | 4 9 2 | 6 5 3
------+-------+------
9 8 5 | 2 4 6 | 1 3 7
3 2 1 | 9 8 7 | 4 6 5
6 7 4 | 3 5 1 | 8 9 2
------+-------+------
4 6 7 | 8 3 5 | 2 1 9
8 3 2 | 1 7 9 | 5 4 6
1 5 9 | 6 2 4 | 3 7 8
```

108

```
4 3 7 | 1 9 2 | 5 8 6
5 2 6 | 8 4 7 | 9 3 1
1 9 8 | 5 6 3 | 2 7 4
------+-------+------
2 8 3 | 9 7 6 | 4 1 5
6 7 5 | 3 1 4 | 8 2 9
9 1 4 | 2 5 8 | 3 6 7
------+-------+------
3 4 1 | 7 8 9 | 6 5 2
8 5 9 | 6 2 1 | 7 4 3
7 6 2 | 4 3 5 | 1 9 8
```

109

```
3 7 8 | 1 4 6 | 9 2 5
4 2 6 | 9 3 5 | 7 1 8
1 5 9 | 2 8 7 | 3 6 4
------+-------+------
9 8 5 | 6 2 4 | 1 3 7
6 4 7 | 5 1 3 | 8 9 2
2 3 1 | 8 7 9 | 4 5 6
------+-------+------
5 1 4 | 7 9 2 | 6 8 3
7 9 2 | 3 6 8 | 5 4 1
8 6 3 | 4 5 1 | 2 7 9
```

110

```
9 8 4 | 2 7 1 | 3 6 5
2 3 5 | 4 6 8 | 7 9 1
1 6 7 | 9 3 5 | 8 2 4
------+-------+------
7 4 9 | 8 2 6 | 5 1 3
8 5 2 | 3 1 7 | 6 4 9
6 1 3 | 5 9 4 | 2 8 7
------+-------+------
5 9 8 | 6 4 3 | 1 7 2
4 7 6 | 1 5 2 | 9 3 8
3 2 1 | 7 8 9 | 4 5 6
```

111

```
2 8 1 | 6 3 5 | 9 4 7
7 3 9 | 2 4 1 | 8 6 5
6 5 4 | 8 9 7 | 1 3 2
------+-------+------
5 9 6 | 1 7 8 | 4 2 3
4 1 3 | 9 5 2 | 6 7 8
8 2 7 | 3 6 4 | 5 9 1
------+-------+------
9 4 2 | 5 8 3 | 7 1 6
3 7 8 | 4 1 6 | 2 5 9
1 6 5 | 7 2 9 | 3 8 4
```

112

```
9 3 4 | 7 8 5 | 2 6 1
5 8 2 | 1 3 6 | 7 4 9
6 7 1 | 9 2 4 | 5 3 8
------+-------+------
3 4 8 | 2 5 7 | 1 9 6
2 1 9 | 4 6 8 | 3 7 5
7 6 5 | 3 9 1 | 8 2 4
------+-------+------
8 5 7 | 6 4 3 | 9 1 2
4 2 3 | 5 1 9 | 6 8 7
1 9 6 | 8 7 2 | 4 5 3
```

113

```
7 9 2 | 6 4 1 | 8 3 5
8 4 5 | 3 7 9 | 1 6 2
6 1 3 | 2 8 5 | 4 9 7
------+-------+------
3 7 4 | 5 1 2 | 6 8 9
2 6 9 | 8 3 4 | 5 7 1
5 8 1 | 9 6 7 | 3 2 4
------+-------+------
4 5 6 | 7 9 8 | 2 1 3
1 3 7 | 4 2 6 | 9 5 8
9 2 8 | 1 5 3 | 7 4 6
```

114

```
3 6 2 | 5 4 1 | 9 7 8
1 7 5 | 2 9 8 | 6 3 4
8 4 9 | 7 6 3 | 1 2 5
------+-------+------
6 5 4 | 8 7 9 | 3 1 2
9 8 1 | 4 3 2 | 5 6 7
7 2 3 | 6 1 5 | 4 8 9
------+-------+------
5 3 6 | 9 8 7 | 2 4 1
4 9 8 | 1 2 6 | 7 5 3
2 1 7 | 3 5 4 | 8 9 6
```

115

```
6 3 1 | 2 9 8 | 5 4 7
2 9 7 | 4 5 3 | 6 1 8
8 4 5 | 7 6 1 | 2 9 3
------+-------+------
1 5 3 | 9 2 6 | 8 7 4
4 2 8 | 1 3 7 | 9 5 6
9 7 6 | 5 8 4 | 3 2 1
------+-------+------
3 1 2 | 6 4 5 | 7 8 9
5 6 4 | 8 7 9 | 1 3 2
7 8 9 | 3 1 2 | 4 6 5
```

116

```
2 3 4 | 9 1 5 | 7 8 6
9 7 6 | 8 3 2 | 5 4 1
5 8 1 | 4 6 7 | 3 2 9
------+-------+------
7 2 9 | 5 8 4 | 6 1 3
8 1 3 | 6 7 9 | 4 5 2
6 4 5 | 3 2 1 | 9 7 8
------+-------+------
4 9 2 | 1 5 6 | 8 3 7
3 6 7 | 2 4 8 | 1 9 5
1 5 8 | 7 9 3 | 2 6 4
```

117

```
4 5 6 | 9 7 8 | 2 3 1
3 7 8 | 2 1 5 | 6 4 9
1 9 2 | 4 6 3 | 5 8 7
------+-------+------
9 6 3 | 7 4 1 | 8 2 5
7 1 5 | 3 8 2 | 4 9 6
2 8 4 | 6 5 9 | 1 7 3
------+-------+------
5 2 7 | 8 3 6 | 9 1 4
8 4 1 | 5 9 7 | 3 6 2
6 3 9 | 1 2 4 | 7 5 8
```

118

```
7 6 2 | 8 4 9 | 5 1 3
1 3 8 | 5 7 6 | 4 9 2
5 4 9 | 1 2 3 | 7 8 6
------+-------+------
9 1 3 | 6 5 7 | 8 2 4
4 5 7 | 2 3 8 | 1 6 9
8 2 6 | 4 9 1 | 3 5 7
------+-------+------
2 9 5 | 3 8 4 | 6 7 1
6 8 4 | 7 1 2 | 9 3 5
3 7 1 | 9 6 5 | 2 4 8
```

119

```
7 8 4 | 5 2 6 | 9 1 3
6 2 1 | 8 9 3 | 5 7 4
3 9 5 | 1 7 4 | 8 2 6
------+-------+------
8 3 7 | 6 4 9 | 1 5 2
5 4 9 | 2 8 1 | 6 3 7
2 1 6 | 3 5 7 | 4 8 9
------+-------+------
1 6 2 | 9 3 5 | 7 4 8
4 5 3 | 7 6 8 | 2 9 1
9 7 8 | 4 1 2 | 3 6 5
```

120

```
1 4 3 | 2 7 9 | 5 6 8
5 6 2 | 3 1 8 | 4 9 7
7 8 9 | 6 4 5 | 2 1 3
------+-------+------
8 9 7 | 1 5 3 | 6 2 4
6 5 4 | 9 8 2 | 3 7 1
3 2 1 | 7 6 4 | 9 8 5
------+-------+------
4 3 6 | 8 9 1 | 7 5 2
2 7 8 | 5 3 6 | 1 4 9
9 1 5 | 4 2 7 | 8 3 6
```

121

```
9 8 7 3 2 1 6 4 5
3 4 1 6 5 7 8 2 9
6 5 2 8 9 4 3 1 7
5 6 9 7 3 2 4 8 1
4 7 3 9 1 8 5 6 2
2 1 8 4 6 5 9 7 3
1 9 5 2 4 6 7 3 8
8 3 4 1 7 9 2 5 6
7 2 6 5 8 3 1 9 4
```

122

```
6 7 1 4 5 2 9 3 8
9 2 3 8 1 6 5 4 7
4 5 8 3 9 7 6 2 1
5 8 6 1 3 4 7 9 2
7 9 4 6 2 5 1 8 3
3 1 2 7 8 9 4 6 5
1 4 7 2 6 8 3 5 9
8 3 5 9 4 1 2 7 6
2 6 9 5 7 3 8 1 4
```

123

```
1 6 5 4 8 9 3 2 7
4 3 7 2 6 5 8 9 1
9 2 8 3 7 1 5 4 6
5 8 2 6 1 4 9 7 3
3 4 9 8 5 7 6 1 2
7 1 6 9 3 2 4 5 8
8 9 1 7 4 6 2 3 5
2 7 3 5 9 8 1 6 4
6 5 4 1 2 3 7 8 9
```

124

```
5 4 6 9 7 8 3 1 2
9 7 3 2 1 6 8 5 4
8 1 2 3 5 4 6 7 9
6 2 8 4 3 7 5 9 1
1 3 4 6 9 5 2 8 7
7 5 9 8 2 1 4 3 6
3 8 7 1 4 2 9 6 5
2 9 1 5 6 3 7 4 8
4 6 5 7 8 9 1 2 3
```

125

```
3 2 5 9 1 7 6 4 8
9 8 7 5 4 6 1 3 2
6 4 1 3 2 8 9 7 5
1 5 6 8 3 4 7 2 9
7 3 4 2 9 1 5 8 6
2 9 8 6 7 5 3 1 4
8 1 2 7 5 9 4 6 3
4 6 9 1 8 3 2 5 7
5 7 3 4 6 2 8 9 1
```

126

```
8 5 6 7 3 4 9 1 2
7 3 1 2 8 9 4 6 5
4 2 9 5 1 6 3 7 8
1 4 3 9 6 8 5 2 7
6 9 5 3 7 2 8 4 1
2 8 7 1 4 5 6 9 3
3 6 2 4 5 7 1 8 9
5 7 4 8 9 1 2 3 6
9 1 8 6 2 3 7 5 4
```

127

```
7 2 4 6 9 1 5 3 8
3 1 9 5 2 8 7 6 4
6 5 8 3 7 4 9 2 1
2 9 1 8 3 7 6 4 5
5 6 3 4 1 2 8 9 7
8 4 7 9 5 6 3 1 2
1 3 2 7 8 9 4 5 6
9 8 6 2 4 5 1 7 3
4 7 5 1 6 3 2 8 9
```

128

```
7 1 3 4 5 9 8 2 6
5 4 9 8 2 6 3 1 7
6 8 2 7 3 1 9 5 4
8 9 7 2 1 3 4 6 5
2 3 5 9 6 4 1 7 8
4 6 1 5 7 8 2 3 9
9 2 6 1 4 7 5 8 3
1 7 4 3 8 5 6 9 2
3 5 8 6 9 2 7 4 1
```

129

```
2 9 6 1 8 7 5 4 3
8 1 3 4 6 5 9 2 7
4 7 5 3 9 2 1 6 8
7 5 9 2 3 8 6 1 4
3 4 1 9 5 6 7 8 2
6 8 2 7 1 4 3 9 5
5 6 7 8 4 9 2 3 1
9 3 8 5 2 1 4 7 6
1 2 4 6 7 3 8 5 9
```

130

```
5 4 6 9 8 7 3 1 2
7 2 9 3 5 1 8 6 4
8 1 3 6 2 4 5 9 7
3 8 2 4 6 5 9 7 1
1 9 4 7 3 2 6 5 8
6 5 7 8 1 9 4 2 3
2 3 8 5 7 6 1 4 9
9 7 5 1 4 3 2 8 6
4 6 1 2 9 8 7 3 5
```

131

```
5 6 1 8 2 3 9 7 4
7 2 4 5 9 6 1 3 8
8 9 3 4 7 1 6 5 2
6 8 5 7 3 4 2 1 9
1 3 9 2 5 8 7 4 6
2 4 7 1 6 9 5 8 3
4 7 8 9 1 2 3 6 5
3 1 2 6 4 5 8 9 7
9 5 6 3 8 7 4 2 1
```

132

```
9 8 5 1 2 7 6 3 4
7 6 4 8 9 3 1 2 5
3 1 2 4 5 6 7 8 9
5 2 7 9 6 4 3 1 8
4 9 1 3 8 2 5 7 6
8 3 6 7 1 5 9 4 2
6 5 3 2 7 8 4 9 1
1 4 8 5 3 9 2 6 7
2 7 9 6 4 1 8 5 3
```

133

```
7 4 2 6 1 3 5 8 9
3 9 5 7 8 4 6 2 1
1 8 6 5 9 2 4 3 7
8 6 3 1 4 5 9 7 2
5 1 4 9 2 7 8 6 3
9 2 7 8 3 6 1 5 4
2 7 9 4 6 8 3 1 5
6 3 1 2 5 9 7 4 8
4 5 8 3 7 1 2 9 6
```

134

```
9 7 1 2 8 3 4 5 6
5 4 2 7 9 6 1 3 8
3 8 6 4 5 1 9 7 2
2 5 8 1 6 7 3 4 9
1 3 4 9 2 8 7 6 5
6 9 7 5 3 4 2 8 1
7 6 3 8 1 9 5 2 4
4 2 9 6 7 5 8 1 3
8 1 5 3 4 2 6 9 7
```

135

```
9 8 7 5 6 4 1 2 3
2 5 4 3 8 1 6 9 7
6 3 1 9 2 7 8 4 5
3 7 6 4 1 8 2 5 9
1 4 5 7 9 2 3 6 8
8 2 9 6 5 3 4 7 1
7 1 3 2 4 9 5 8 6
4 6 8 1 7 5 9 3 2
5 9 2 8 3 6 7 1 4
```

136

```
2 4 5 8 6 9 3 1 7
9 8 7 2 3 1 5 4 6
6 3 1 4 7 5 8 9 2
7 1 4 6 5 3 9 2 8
5 6 8 9 2 7 1 3 4
3 2 9 1 8 4 6 7 5
4 7 3 5 9 8 2 6 1
1 5 6 3 4 2 7 8 9
8 9 2 7 1 6 4 5 3
```

137

```
7 2 8 1 5 4 9 6 3
9 4 3 2 6 8 5 7 1
5 1 6 7 3 9 8 4 2
1 6 2 8 9 5 7 3 4
4 5 7 3 1 2 6 9 8
3 8 9 4 7 6 2 1 5
2 3 1 9 8 7 4 5 6
8 7 5 6 4 1 3 2 9
6 9 4 5 2 3 1 8 7
```

138

```
7 2 1 8 6 9 5 4 3
9 5 3 4 2 1 6 7 8
6 4 8 7 5 3 2 1 9
5 8 9 6 4 2 1 3 7
4 7 6 3 1 5 8 9 2
1 3 2 9 7 8 4 5 6
8 1 7 5 3 6 9 2 4
3 9 5 2 8 4 7 6 1
2 6 4 1 9 7 3 8 5
```

139

```
8 3 2 5 9 1 7 6 4
5 9 4 7 6 3 2 8 1
7 6 1 4 2 8 3 5 9
1 8 7 9 5 4 6 2 3
4 5 9 6 3 2 1 7 8
3 2 6 1 8 7 4 9 5
6 4 8 2 1 5 9 3 7
2 1 3 8 7 9 5 4 6
9 7 5 3 4 6 8 1 2
```

140

```
5 8 2 3 6 9 1 4 7
6 7 3 4 1 2 8 9 5
4 9 1 7 5 8 3 2 6
9 5 4 8 2 3 6 7 1
3 1 8 6 7 4 2 5 9
2 6 7 5 9 1 4 8 3
8 4 9 1 3 5 7 6 2
7 3 5 2 4 6 9 1 8
1 2 6 9 8 7 5 3 4
```

141

```
7 6 1 | 2 4 8 | 9 3 5
4 8 9 | 5 1 3 | 2 7 6
3 5 2 | 7 9 6 | 4 1 8
------+-------+------
8 2 3 | 1 5 9 | 6 4 7
5 4 7 | 6 3 2 | 1 8 9
1 9 6 | 8 7 4 | 3 5 2
------+-------+------
9 7 4 | 3 2 5 | 8 6 1
6 3 5 | 9 8 1 | 7 2 4
2 1 8 | 4 6 7 | 5 9 3
```

142

```
4 8 9 | 7 3 5 | 6 1 2
5 7 6 | 9 1 2 | 8 4 3
1 2 3 | 6 4 8 | 5 9 7
------+-------+------
8 3 4 | 2 5 1 | 9 7 6
2 1 7 | 8 6 9 | 4 3 5
9 6 5 | 3 7 4 | 1 2 8
------+-------+------
6 9 2 | 4 8 7 | 3 5 1
7 5 8 | 1 9 3 | 2 6 4
3 4 1 | 5 2 6 | 7 8 9
```

143

```
5 4 6 | 1 9 2 | 8 7 3
8 9 2 | 6 7 3 | 5 1 4
7 3 1 | 5 4 8 | 2 6 9
------+-------+------
1 5 4 | 9 8 7 | 6 3 2
9 2 3 | 4 6 1 | 7 5 8
6 7 8 | 2 3 5 | 4 9 1
------+-------+------
3 1 5 | 7 2 4 | 9 8 6
4 8 9 | 3 5 6 | 1 2 7
2 6 7 | 8 1 9 | 3 4 5
```

144

```
7 2 4 | 3 9 1 | 6 5 8
6 8 1 | 5 7 2 | 4 3 9
3 9 5 | 4 6 8 | 7 2 1
------+-------+------
1 4 9 | 7 5 6 | 3 8 2
2 6 7 | 9 8 3 | 5 1 4
8 5 3 | 2 1 4 | 9 7 6
------+-------+------
4 1 6 | 8 3 5 | 2 9 7
9 3 2 | 1 4 7 | 8 6 5
5 7 8 | 6 2 9 | 1 4 3
```

145

```
4 7 9 | 5 3 1 | 2 8 6
8 3 6 | 2 7 4 | 5 1 9
1 2 5 | 6 9 8 | 4 7 3
------+-------+------
2 1 3 | 4 8 7 | 9 6 5
9 6 8 | 3 1 5 | 7 2 4
5 4 7 | 9 6 2 | 1 3 8
------+-------+------
7 9 2 | 8 4 6 | 3 5 1
3 8 1 | 7 5 9 | 6 4 2
6 5 4 | 1 2 3 | 8 9 7
```

146

```
9 1 5 | 3 6 2 | 8 7 4
2 7 6 | 8 1 4 | 3 5 9
4 3 8 | 7 9 5 | 6 2 1
------+-------+------
5 8 1 | 6 3 7 | 4 9 2
6 4 3 | 5 2 9 | 7 1 8
7 9 2 | 1 4 8 | 5 3 6
------+-------+------
8 2 7 | 4 5 1 | 9 6 3
3 5 9 | 2 8 6 | 1 4 7
1 6 4 | 9 7 3 | 2 8 5
```

147

```
6 3 1 | 5 8 7 | 4 9 2
2 9 8 | 6 1 4 | 7 3 5
7 4 5 | 2 3 9 | 8 6 1
------+-------+------
3 8 2 | 1 5 6 | 9 7 4
1 7 9 | 3 4 2 | 6 5 8
4 5 6 | 7 9 8 | 2 1 3
------+-------+------
8 1 7 | 4 6 5 | 3 2 9
5 2 4 | 9 7 3 | 1 8 6
9 6 3 | 8 2 1 | 5 4 7
```

148

```
3 9 5 | 4 7 1 | 2 6 8
4 2 7 | 6 9 8 | 3 5 1
8 1 6 | 5 3 2 | 7 4 9
------+-------+------
5 6 8 | 1 2 4 | 9 7 3
9 3 4 | 8 5 7 | 1 2 6
1 7 2 | 3 6 9 | 5 8 4
------+-------+------
7 4 1 | 2 8 3 | 6 9 5
2 5 3 | 9 4 6 | 8 1 7
6 8 9 | 7 1 5 | 4 3 2
```

149

```
2 1 3 | 6 4 7 | 9 8 5
5 4 7 | 9 8 2 | 1 3 6
9 8 6 | 5 3 1 | 7 2 4
------+-------+------
3 9 1 | 4 7 5 | 8 6 2
6 5 2 | 8 1 9 | 4 7 3
8 7 4 | 3 2 6 | 5 9 1
------+-------+------
1 6 8 | 2 9 4 | 3 5 7
4 2 9 | 7 5 3 | 6 1 8
7 3 5 | 1 6 8 | 2 4 9
```

150

```
6 3 5 | 4 8 7 | 2 1 9
9 1 8 | 2 6 5 | 7 3 4
2 4 7 | 9 3 1 | 5 6 8
------+-------+------
4 9 6 | 5 7 3 | 8 2 1
8 7 1 | 6 2 4 | 3 9 5
3 5 2 | 1 9 8 | 6 4 7
------+-------+------
7 8 9 | 3 1 2 | 4 5 6
5 6 3 | 7 4 9 | 1 8 2
1 2 4 | 8 5 6 | 9 7 3
```

151

```
8 2 3 | 6 1 7 | 9 4 5
9 1 7 | 4 5 3 | 2 6 8
4 6 5 | 2 9 8 | 3 7 1
------+-------+------
1 4 6 | 9 7 2 | 5 8 3
5 7 8 | 3 4 1 | 6 2 9
3 9 2 | 8 6 5 | 4 1 7
------+-------+------
2 8 1 | 5 3 6 | 7 9 4
6 5 4 | 7 8 9 | 1 3 2
7 3 9 | 1 2 4 | 8 5 6
```

152

```
9 4 6 | 1 7 3 | 8 5 2
5 2 8 | 6 4 9 | 7 3 1
1 3 7 | 8 5 2 | 4 9 6
------+-------+------
3 7 5 | 4 6 1 | 9 2 8
8 6 2 | 9 3 5 | 1 7 4
4 9 1 | 2 8 7 | 3 6 5
------+-------+------
6 1 3 | 7 2 4 | 5 8 9
7 8 9 | 5 1 6 | 2 4 3
2 5 4 | 3 9 8 | 6 1 7
```

153

```
4 2 3 | 5 9 6 | 1 8 7
5 6 9 | 8 7 1 | 4 3 2
7 8 1 | 3 4 2 | 9 5 6
------+-------+------
2 5 8 | 9 1 7 | 3 6 4
1 7 4 | 6 2 3 | 8 9 5
9 3 6 | 4 5 8 | 7 2 1
------+-------+------
3 1 5 | 7 6 9 | 2 4 8
6 9 7 | 2 8 4 | 5 1 3
8 4 2 | 1 3 5 | 6 7 9
```

154

```
9 4 7 | 1 6 2 | 8 5 3
5 3 6 | 4 7 8 | 2 9 1
2 8 1 | 9 3 5 | 6 4 7
------+-------+------
3 5 2 | 8 1 9 | 4 7 6
1 6 4 | 7 2 3 | 5 8 9
7 9 8 | 5 4 6 | 1 3 2
------+-------+------
8 7 3 | 6 5 1 | 9 2 4
4 1 9 | 2 8 7 | 3 6 5
6 2 5 | 3 9 4 | 7 1 8
```

155

```
6 2 3 | 5 4 9 | 1 8 7
5 1 7 | 8 6 3 | 2 9 4
9 4 8 | 1 2 7 | 3 5 6
------+-------+------
3 6 4 | 2 9 5 | 8 7 1
2 7 1 | 4 8 6 | 5 3 9
8 9 5 | 7 3 1 | 4 6 2
------+-------+------
1 3 2 | 9 7 8 | 6 4 5
7 5 6 | 3 1 4 | 9 2 8
4 8 9 | 6 5 2 | 7 1 3
```

156

```
5 7 1 | 4 9 3 | 6 8 2
2 9 8 | 5 6 1 | 3 7 4
3 4 6 | 8 2 7 | 9 1 5
------+-------+------
9 3 4 | 7 5 2 | 1 6 8
7 8 2 | 6 1 4 | 5 3 9
6 1 5 | 3 8 9 | 2 4 7
------+-------+------
1 5 7 | 2 4 6 | 8 9 3
8 6 3 | 9 7 5 | 4 2 1
4 2 9 | 1 3 8 | 7 5 6
```

157

```
2 3 1 | 7 9 8 | 4 5 6
4 7 8 | 2 5 6 | 1 9 3
6 9 5 | 1 3 4 | 8 2 7
------+-------+------
9 6 4 | 8 7 5 | 2 3 1
7 8 3 | 4 1 2 | 5 6 9
5 1 2 | 9 6 3 | 7 4 8
------+-------+------
1 2 9 | 3 4 7 | 6 8 5
3 4 6 | 5 8 1 | 9 7 2
8 5 7 | 6 2 9 | 3 1 4
```

158

```
1 6 8 | 2 9 5 | 4 3 7
9 7 3 | 4 1 6 | 8 5 2
5 2 4 | 7 8 3 | 9 6 1
------+-------+------
8 1 2 | 9 6 7 | 3 4 5
7 4 6 | 5 3 8 | 2 1 9
3 9 5 | 1 4 2 | 6 7 8
------+-------+------
2 5 9 | 6 7 4 | 1 8 3
6 3 7 | 8 2 1 | 5 9 4
4 8 1 | 3 5 9 | 7 2 6
```

159

```
3 9 1 | 4 2 6 | 7 8 5
6 8 2 | 7 1 5 | 3 4 9
5 4 7 | 8 9 3 | 1 6 2
------+-------+------
9 6 3 | 2 4 1 | 8 5 7
7 1 5 | 9 6 8 | 2 3 4
8 2 4 | 3 5 7 | 6 9 1
------+-------+------
4 5 6 | 1 3 2 | 9 7 8
1 7 9 | 6 8 4 | 5 2 3
2 3 8 | 5 7 9 | 4 1 6
```

160

```
7 1 4 | 3 5 6 | 8 2 9
5 3 9 | 4 2 8 | 1 6 7
8 2 6 | 9 1 7 | 3 5 4
------+-------+------
3 9 7 | 8 6 2 | 5 4 1
4 6 5 | 7 3 1 | 9 8 2
1 8 2 | 5 4 9 | 6 7 3
------+-------+------
6 4 8 | 2 9 3 | 7 1 5
2 7 3 | 1 8 5 | 4 9 6
9 5 1 | 6 7 4 | 2 3 8
```

161

6	9	1	2	4	3	7	8	5
5	7	8	1	6	9	2	3	4
3	2	4	7	8	5	6	1	9
2	1	3	6	5	4	8	9	7
9	4	5	8	7	1	3	2	6
7	8	6	9	3	2	5	4	1
4	5	2	3	9	7	1	6	8
1	6	7	4	2	8	9	5	3
8	3	9	5	1	6	4	7	2

162

9	8	7	5	4	6	1	3	2
5	4	1	2	3	7	8	9	6
6	2	3	8	1	9	7	4	5
1	5	2	3	9	8	6	7	4
7	6	9	4	2	1	5	8	3
8	3	4	7	6	5	2	1	9
4	7	6	9	8	2	3	5	1
3	1	5	6	7	4	9	2	8
2	9	8	1	5	3	4	6	7

163

2	1	3	5	9	6	8	4	7
5	6	7	4	8	3	2	1	9
4	8	9	7	2	1	5	6	3
3	4	5	2	6	7	1	9	8
1	7	6	8	5	9	4	3	2
9	2	8	1	3	4	7	5	6
6	5	4	9	7	8	3	2	1
7	9	2	3	1	5	6	8	4
8	3	1	6	4	2	9	7	5

164

3	5	4	6	7	8	2	9	1
8	9	7	2	4	1	5	6	3
2	1	6	3	5	9	7	4	8
1	2	9	4	6	3	8	7	5
4	6	8	5	1	7	9	3	2
7	3	5	9	8	2	4	1	6
5	7	2	1	9	6	3	8	4
6	8	3	7	2	4	1	5	9
9	4	1	8	3	5	6	2	7

165

3	5	8	9	4	2	6	1	7
1	4	6	8	7	3	9	5	2
7	2	9	5	6	1	3	4	8
2	1	3	6	9	7	4	8	5
9	8	4	1	3	5	7	2	6
5	6	7	2	8	4	1	3	9
4	9	5	3	2	6	8	7	1
8	7	1	4	5	9	2	6	3
6	3	2	7	1	8	5	9	4

166

6	9	8	3	2	4	7	1	5
1	2	7	6	9	5	3	8	4
4	3	5	8	1	7	2	6	9
7	4	9	1	5	6	8	3	2
5	8	6	4	3	2	1	9	7
2	1	3	7	8	9	4	5	6
3	6	4	5	7	8	9	2	1
9	7	1	2	6	3	5	4	8
8	5	2	9	4	1	6	7	3

167

5	9	3	8	4	1	7	6	2
4	2	8	3	6	7	1	9	5
6	7	1	2	9	5	4	8	3
9	8	4	5	1	6	3	2	7
3	1	2	9	7	8	5	4	6
7	5	6	4	2	3	8	1	9
2	3	9	7	8	4	6	5	1
8	6	7	1	5	2	9	3	4
1	4	5	6	3	9	2	7	8

168

5	1	2	4	9	8	7	3	6
4	9	8	6	7	3	5	2	1
3	6	7	2	5	1	9	8	4
2	5	4	8	3	9	1	6	7
9	7	6	1	2	4	3	5	8
8	3	1	5	6	7	4	9	2
6	2	3	7	4	5	8	1	9
1	4	5	9	8	6	2	7	3
7	8	9	3	1	2	6	4	5

169

3	5	8	6	2	4	9	1	7
4	1	2	9	8	7	6	3	5
9	7	6	5	1	3	4	8	2
7	8	4	3	9	2	1	5	6
6	3	1	7	4	5	2	9	8
5	2	9	1	6	8	7	4	3
8	9	5	2	7	1	3	6	4
2	6	3	4	5	9	8	7	1
1	4	7	8	3	6	5	2	9

170

2	3	1	6	7	4	8	9	5
9	6	4	2	5	8	1	7	3
7	8	5	9	1	3	4	6	2
8	1	7	3	2	5	9	4	6
3	9	2	4	6	1	7	5	8
5	4	6	8	9	7	3	2	1
4	5	9	1	8	2	6	3	7
1	7	3	5	4	6	2	8	9
6	2	8	7	3	9	5	1	4

171

4	7	3	2	8	1	5	9	6
8	2	5	6	7	9	1	4	3
1	9	6	5	3	4	7	8	2
3	6	1	9	2	8	4	7	5
5	8	7	4	6	3	2	1	9
9	4	2	1	5	7	6	3	8
6	1	9	8	4	5	3	2	7
2	3	4	7	9	6	8	5	1
7	5	8	3	1	2	9	6	4

172

3	7	8	2	1	5	6	9	4
2	6	5	9	4	3	7	8	1
9	1	4	8	6	7	2	3	5
8	4	2	5	9	1	3	6	7
6	9	1	7	3	4	8	5	2
5	3	7	6	2	8	1	4	9
1	2	3	4	5	6	9	7	8
4	8	9	3	7	2	5	1	6
7	5	6	1	8	9	4	2	3

173

9	3	1	7	2	5	6	4	8
4	5	6	8	9	3	7	1	2
7	8	2	1	4	6	5	9	3
8	7	9	3	1	2	4	6	5
2	6	4	5	7	8	1	3	9
3	1	5	9	6	4	8	2	7
5	9	3	6	8	1	2	7	4
1	4	8	2	3	7	9	5	6
6	2	7	4	5	9	3	8	1

174

6	5	4	9	8	7	3	1	2
9	7	1	2	5	3	8	4	6
2	3	8	6	4	1	5	7	9
3	9	5	8	1	4	2	6	7
8	6	2	5	7	9	4	3	1
4	1	7	3	6	2	9	5	8
7	2	6	4	9	5	1	8	3
1	4	9	7	3	8	6	2	5
5	8	3	1	2	6	7	9	4

175

5	3	4	2	1	6	7	9	8
1	8	7	3	4	9	6	5	2
9	2	6	5	8	7	1	3	4
3	9	8	6	2	4	5	1	7
2	4	5	9	7	1	3	8	6
6	7	1	8	5	3	4	2	9
7	1	2	4	9	5	8	6	3
8	5	3	7	6	2	9	4	1
4	6	9	1	3	8	2	7	5

176

5	8	6	1	9	4	7	3	2
2	9	7	3	5	6	8	1	4
1	4	3	2	7	8	5	9	6
8	6	1	5	4	3	9	2	7
7	2	9	6	8	1	3	4	5
3	5	4	7	2	9	1	6	8
4	7	5	9	3	2	6	8	1
6	3	8	4	1	5	2	7	9
9	1	2	8	6	7	4	5	3

177

7	4	5	6	3	1	9	8	2
2	1	3	8	9	7	6	4	5
6	8	9	5	2	4	7	1	3
4	7	6	3	8	2	1	5	9
5	3	1	4	6	9	8	2	7
9	2	8	7	1	5	4	3	6
1	6	4	9	5	3	2	7	8
3	9	7	2	4	8	5	6	1
8	5	2	1	7	6	3	9	4

178

6	7	9	2	1	8	4	3	5
2	3	1	5	4	6	9	8	7
4	5	8	3	9	7	2	6	1
5	4	3	1	8	2	7	9	6
1	8	6	9	7	5	3	4	2
7	9	2	6	3	4	5	1	8
9	1	7	8	2	3	6	5	4
3	6	4	7	5	1	8	2	9
8	2	5	4	6	9	1	7	3

179

6	4	1	3	9	8	5	7	2
8	2	9	5	7	4	3	1	6
5	7	3	1	2	6	8	4	9
9	1	2	7	5	3	4	6	8
4	5	7	8	6	2	1	9	3
3	8	6	4	1	9	7	2	5
2	3	5	6	4	7	9	8	1
1	6	4	9	8	5	2	3	7
7	9	8	2	3	1	6	5	4

180

3	2	9	6	5	8	4	7	1
7	8	6	1	2	4	3	5	9
1	4	5	7	9	3	2	6	8
2	3	1	8	7	9	6	4	5
8	5	4	3	1	6	7	9	2
6	9	7	5	4	2	8	1	3
9	7	3	2	6	5	1	8	4
4	6	8	9	3	1	5	2	7
5	1	2	4	8	7	9	3	6

181

```
5 6 1 2 7 3 9 4 8
9 3 4 1 8 6 5 7 2
8 7 2 9 5 4 6 1 3
1 5 7 4 6 2 3 8 9
6 2 9 8 3 7 4 5 1
3 4 8 5 1 9 7 2 6
2 9 5 3 4 1 8 6 7
7 8 3 6 2 5 1 9 4
4 1 6 7 9 8 2 3 5
```

182

```
8 1 6 2 5 3 9 4 7
7 9 4 6 1 8 3 2 5
2 3 5 4 9 7 6 1 8
1 5 3 7 4 2 8 6 9
6 2 8 1 3 9 5 7 4
4 7 9 8 6 5 2 3 1
5 4 2 9 7 6 1 8 3
3 6 1 5 8 4 7 9 2
9 8 7 3 2 1 4 5 6
```

183

```
9 6 3 2 8 4 7 5 1
5 4 2 3 7 1 6 9 8
1 8 7 6 5 9 3 4 2
6 3 9 5 1 2 4 8 7
8 7 4 9 3 6 2 1 5
2 5 1 7 4 8 9 3 6
7 2 5 8 9 3 1 6 4
4 9 8 1 6 7 5 2 3
3 1 6 4 2 5 8 7 9
```

184

```
6 2 4 9 3 8 5 1 7
7 3 8 1 5 6 9 2 4
1 9 5 7 2 4 6 3 8
2 8 1 6 7 3 4 9 5
3 7 9 5 4 1 2 8 6
5 4 6 8 9 2 3 7 1
8 5 7 2 6 9 1 4 3
9 6 3 4 1 7 8 5 2
4 1 2 3 8 5 7 6 9
```

185

```
4 7 6 8 1 9 3 2 5
9 8 5 3 7 2 4 1 6
2 3 1 6 4 5 9 7 8
3 9 7 2 8 4 5 6 1
8 6 4 9 5 1 2 3 7
1 5 2 7 6 3 8 9 4
6 2 8 4 3 7 1 5 9
5 4 3 1 9 6 7 8 2
7 1 9 5 2 8 6 4 3
```

186

```
5 2 3 9 4 1 8 7 6
1 8 7 5 3 6 4 9 2
4 6 9 8 2 7 3 5 1
6 4 5 7 8 9 1 2 3
7 1 2 4 5 3 9 6 8
9 3 8 1 6 2 7 4 5
3 5 1 2 9 4 6 8 7
2 9 6 3 7 8 5 1 4
8 7 4 6 1 5 2 3 9
```

187

```
8 9 4 7 6 1 5 3 2
2 1 5 9 3 4 7 8 6
7 6 3 5 2 8 1 9 4
4 8 7 6 9 5 2 1 3
9 5 6 3 1 2 4 7 8
3 2 1 4 8 7 6 5 9
6 7 8 1 4 3 9 2 5
1 4 2 8 5 9 3 6 7
5 3 9 2 7 6 8 4 1
```

188

```
3 6 2 9 7 1 8 4 5
8 4 5 6 2 3 1 9 7
7 1 9 4 8 5 3 2 6
5 2 4 1 3 8 7 6 9
1 7 3 2 6 9 5 8 4
6 9 8 5 4 7 2 1 3
2 5 1 3 9 4 6 7 8
4 8 6 7 5 2 9 3 1
9 3 7 8 1 6 4 5 2
```

189

```
4 7 9 3 8 2 5 6 1
8 6 5 1 7 9 2 3 4
1 2 3 4 6 5 9 8 7
5 1 8 7 3 6 4 9 2
6 3 4 9 2 1 7 5 8
2 9 7 5 4 8 3 1 6
7 4 1 8 9 3 6 2 5
9 8 6 2 5 7 1 4 3
3 5 2 6 1 4 8 7 9
```

190

```
9 6 3 5 4 7 2 8 1
7 4 1 2 6 8 9 3 5
5 2 8 3 1 9 7 4 6
1 5 9 8 7 4 6 2 3
6 7 2 1 3 5 4 9 8
8 3 4 9 2 6 1 5 7
2 9 7 6 8 3 5 1 4
4 8 5 7 9 1 3 6 2
3 1 6 4 5 2 8 7 9
```

191

```
6 1 5 2 9 8 4 3 7
3 9 2 6 4 7 5 8 1
8 7 4 3 5 1 2 6 9
1 2 3 7 8 9 6 5 4
5 4 6 1 2 3 7 9 8
7 8 9 4 6 5 3 1 2
9 5 7 8 3 4 1 2 6
4 6 8 5 1 2 9 7 3
2 3 1 9 7 6 8 4 5
```

192

```
6 9 5 3 7 2 4 8 1
1 8 4 9 5 6 3 7 2
3 7 2 8 1 4 6 9 5
2 4 7 1 8 5 9 6 3
9 1 3 6 4 7 5 2 8
8 5 6 2 9 3 7 1 4
5 2 9 4 6 8 1 3 7
7 6 8 5 3 1 2 4 9
4 3 1 7 2 9 8 5 6
```

193

```
6 9 5 3 1 8 7 4 2
3 7 2 9 4 5 1 6 8
1 4 8 2 6 7 9 3 5
8 6 3 5 7 2 4 1 9
5 1 7 6 9 4 2 8 3
9 2 4 8 3 1 5 7 6
2 3 1 4 5 6 8 9 7
7 5 6 1 8 9 3 2 4
4 8 9 7 2 3 6 5 1
```

194

```
7 8 9 6 5 4 3 1 2
1 6 5 3 8 2 7 4 9
2 3 4 9 7 1 6 8 5
9 2 3 1 4 8 5 6 7
4 5 1 7 9 6 8 2 3
6 7 8 5 2 3 1 9 4
3 9 2 8 1 7 4 5 6
5 1 6 4 3 9 2 7 8
8 4 7 2 6 5 9 3 1
```

195

```
1 4 8 9 5 3 2 6 7
3 2 9 6 1 7 5 4 8
7 6 5 2 4 8 3 9 1
5 1 2 3 7 6 9 8 4
4 8 6 5 9 1 7 3 2
9 3 7 8 2 4 1 5 6
8 9 1 7 6 5 4 2 3
6 5 4 1 3 2 8 7 9
2 7 3 4 8 9 6 1 5
```

196

```
9 6 8 1 7 3 2 4 5
1 5 7 6 4 2 3 9 8
4 3 2 8 5 9 6 7 1
7 9 3 2 6 5 1 8 4
2 1 6 4 9 8 7 5 3
8 4 5 7 3 1 9 2 6
3 8 1 5 2 7 4 6 9
6 2 9 3 8 4 5 1 7
5 7 4 9 1 6 8 3 2
```

197

```
3 7 5 4 1 2 8 9 6
6 8 1 9 7 3 5 4 2
9 2 4 5 6 8 7 3 1
5 9 6 1 4 7 2 8 3
2 4 3 8 9 5 1 6 7
8 1 7 2 3 6 4 5 9
4 6 9 7 8 1 3 2 5
1 3 2 6 5 4 9 7 8
7 5 8 3 2 9 6 1 4
```

198

```
4 3 8 1 7 9 6 2 5
5 1 6 2 8 3 9 7 4
9 7 2 6 5 4 1 8 3
7 8 9 5 4 6 2 3 1
1 4 5 3 9 2 7 6 8
6 2 3 7 1 8 4 5 9
2 9 7 8 3 1 5 4 6
8 6 1 4 2 5 3 9 7
3 5 4 9 6 7 8 1 2
```

199

```
9 3 1 2 7 5 6 4 8
5 8 2 9 6 4 7 1 3
4 7 6 1 3 8 9 5 2
3 4 5 6 9 7 8 2 1
6 1 8 5 2 3 4 9 7
7 2 9 4 8 1 5 3 6
1 9 3 8 5 6 2 7 4
2 6 4 7 1 9 3 8 5
8 5 7 3 4 2 1 6 9
```

200

```
7 4 9 1 8 2 5 3 6
6 5 3 4 9 7 8 1 2
1 2 8 5 3 6 9 4 7
4 8 7 9 2 3 1 6 5
9 6 5 8 7 1 3 2 4
3 1 2 6 5 4 7 9 8
8 7 6 3 4 9 2 5 1
2 9 4 7 1 5 6 8 3
5 3 1 2 6 8 4 7 9
```

201

6	3	7	8	4	2	5	9	1
9	4	8	5	1	6	3	2	7
2	5	1	3	9	7	8	6	4
8	1	4	2	6	3	9	7	5
3	7	9	4	5	1	2	8	6
5	2	6	9	7	8	4	1	3
7	9	3	1	2	4	6	5	8
1	8	2	6	3	5	7	4	9
4	6	5	7	8	9	1	3	2

202

6	5	4	8	9	7	3	2	1
3	7	1	4	6	2	8	9	5
9	8	2	3	5	1	6	7	4
8	1	6	9	2	5	7	4	3
7	2	9	1	3	4	5	6	8
5	4	3	7	8	6	2	1	9
4	3	8	2	7	9	1	5	6
1	6	7	5	4	3	9	8	2
2	9	5	6	1	8	4	3	7

203

8	7	9	6	4	5	2	3	1
4	6	2	3	1	8	9	7	5
5	1	3	9	7	2	6	8	4
6	4	7	5	9	3	8	1	2
9	3	1	2	8	4	5	6	7
2	8	5	1	6	7	3	4	9
1	2	4	8	3	9	7	5	6
7	5	8	4	2	6	1	9	3
3	9	6	7	5	1	4	2	8

204

6	4	8	2	7	9	5	1	3
2	1	9	5	6	3	7	8	4
5	3	7	8	1	4	6	9	2
8	6	1	3	9	5	2	4	7
7	2	3	6	4	8	9	5	1
4	9	5	1	2	7	3	6	8
9	8	6	7	3	1	4	2	5
1	7	4	9	5	2	8	3	6
3	5	2	4	8	6	1	7	9

205

3	7	8	2	1	9	4	5	6
1	9	5	8	4	6	3	7	2
6	4	2	3	7	5	1	9	8
2	3	6	1	9	8	5	4	7
8	1	7	5	2	4	6	3	9
4	5	9	7	6	3	8	2	1
9	8	1	4	3	2	7	6	5
7	2	3	6	5	1	9	8	4
5	6	4	9	8	7	2	1	3

206

2	4	9	7	1	6	3	8	5
6	8	3	9	2	5	4	7	1
7	1	5	8	3	4	9	6	2
3	2	8	4	5	7	1	9	6
9	7	4	1	6	3	5	2	8
5	6	1	2	8	9	7	3	4
1	5	6	3	7	8	2	4	9
4	3	2	6	9	1	8	5	7
8	9	7	5	4	2	6	1	3

207

5	3	9	2	4	8	7	6	1
1	4	7	6	5	9	2	8	3
8	2	6	7	1	3	4	5	9
6	5	3	4	8	7	9	1	2
9	7	8	1	3	2	5	4	6
2	1	4	5	9	6	8	3	7
7	6	1	8	2	4	3	9	5
4	9	2	3	6	5	1	7	8
3	8	5	9	7	1	6	2	4

208

7	4	3	9	5	2	6	1	8
9	1	6	4	8	3	2	5	7
2	5	8	6	1	7	9	4	3
8	2	5	3	4	1	7	9	6
3	9	1	8	7	6	5	2	4
4	6	7	5	2	9	3	8	1
1	3	2	7	9	8	4	6	5
6	8	4	2	3	5	1	7	9
5	7	9	1	6	4	8	3	2

209

6	8	1	7	5	2	4	3	9
5	4	9	6	8	3	1	7	2
2	7	3	4	9	1	8	5	6
8	1	7	3	6	4	2	9	5
3	2	5	1	7	9	6	8	4
9	6	4	5	2	8	7	1	3
1	3	8	2	4	5	9	6	7
4	5	6	9	1	7	3	2	8
7	9	2	8	3	6	5	4	1

210

2	1	9	5	7	8	3	6	4
6	7	5	4	2	3	9	8	1
4	3	8	9	6	1	7	2	5
9	8	2	6	4	7	5	1	3
3	5	4	1	9	2	8	7	6
1	6	7	8	3	5	4	9	2
7	9	3	2	5	6	1	4	8
8	4	6	3	1	9	2	5	7
5	2	1	7	8	4	6	3	9

211

8	2	6	1	5	3	4	7	9
9	4	1	6	2	7	8	5	3
3	7	5	4	8	9	6	1	2
7	1	8	3	4	5	2	9	6
6	5	4	7	9	2	1	3	8
2	9	3	8	1	6	7	4	5
4	6	7	9	3	8	5	2	1
1	3	2	5	6	4	9	8	7
5	8	9	2	7	1	3	6	4

212

4	9	2	3	5	7	1	8	6
7	1	3	9	8	6	4	5	2
6	5	8	2	1	4	9	3	7
8	2	4	1	3	9	7	6	5
5	6	7	4	2	8	3	9	1
9	3	1	6	7	5	8	2	4
1	8	6	7	9	2	5	4	3
3	4	5	8	6	1	2	7	9
2	7	9	5	4	3	6	1	8

213

7	2	6	1	9	8	4	5	3
3	9	4	7	6	5	1	2	8
5	8	1	4	3	2	6	9	7
2	5	3	9	4	1	8	7	6
6	4	9	5	8	7	3	1	2
8	1	7	3	2	6	5	4	9
9	3	2	6	1	4	7	8	5
4	6	5	8	7	9	2	3	1
1	7	8	2	5	3	9	6	4

214

1	6	7	5	4	9	8	3	2
8	4	5	7	2	3	6	9	1
3	2	9	6	1	8	5	4	7
4	3	8	1	7	2	9	6	5
9	1	2	3	5	6	4	7	8
5	7	6	9	8	4	2	1	3
2	9	1	8	6	7	3	5	4
6	5	4	2	3	1	7	8	9
7	8	3	4	9	5	1	2	6

215

2	3	4	8	5	9	7	1	6
1	6	9	4	7	2	3	8	5
5	8	7	6	3	1	9	2	4
4	5	3	2	1	8	6	7	9
7	2	6	9	4	3	8	5	1
8	9	1	7	6	5	2	4	3
6	4	2	1	9	7	5	3	8
9	7	5	3	8	4	1	6	2
3	1	8	5	2	6	4	9	7

216

8	7	9	5	2	1	4	6	3
1	4	3	9	8	6	7	2	5
5	2	6	3	4	7	8	1	9
7	5	1	8	9	4	2	3	6
3	9	8	1	6	2	5	4	7
2	6	4	7	3	5	1	9	8
6	8	5	4	1	3	9	7	2
4	3	7	2	5	9	6	8	1
9	1	2	6	7	8	3	5	4

217

6	4	5	2	3	1	9	8	7
7	1	3	4	8	9	6	5	2
2	8	9	5	6	7	4	3	1
1	9	4	6	7	3	8	2	5
3	5	6	8	2	4	1	7	9
8	2	7	9	1	5	3	4	6
9	3	1	7	4	2	5	6	8
4	7	8	1	5	6	2	9	3
5	6	2	3	9	8	7	1	4

218

8	2	4	7	9	3	5	1	6
1	5	7	8	2	6	9	3	4
3	6	9	4	1	5	2	8	7
2	3	6	5	4	8	1	7	9
4	1	5	6	7	9	8	2	3
9	7	8	1	3	2	4	6	5
5	8	2	3	6	4	7	9	1
6	9	1	2	5	7	3	4	8
7	4	3	9	8	1	6	5	2

219

8	2	4	5	7	6	9	1	3
3	6	5	1	9	8	2	4	7
7	1	9	3	2	4	5	8	6
1	7	3	6	5	2	4	9	8
6	4	2	8	1	9	7	3	5
5	9	8	7	4	3	1	6	2
2	3	1	4	6	5	8	7	9
4	5	6	9	8	7	3	2	1
9	8	7	2	3	1	6	5	4

220

9	6	8	7	1	3	4	2	5
7	5	4	8	9	2	6	1	3
1	3	2	5	4	6	9	7	8
6	8	3	2	5	4	7	9	1
4	9	1	6	8	7	3	5	2
2	7	5	1	3	9	8	4	6
8	2	6	4	7	1	5	3	9
5	4	9	3	2	8	1	6	7
3	1	7	9	6	5	2	8	4

221

8	4	9	5	7	2	3	6	1
2	5	3	4	1	6	8	9	7
7	6	1	3	9	8	4	2	5
9	7	5	2	3	1	6	4	8
1	3	8	6	4	9	7	5	2
6	2	4	8	5	7	1	3	9
4	9	7	1	2	3	5	8	6
3	1	6	9	8	5	2	7	4
5	8	2	7	6	4	9	1	3

222

5	2	4	7	9	8	6	3	1
3	1	9	4	6	5	2	7	8
6	8	7	1	2	3	9	5	4
1	9	8	5	7	4	3	6	2
2	5	6	3	1	9	4	8	7
7	4	3	2	8	6	1	9	5
9	7	1	8	3	2	5	4	6
8	3	5	6	4	1	7	2	9
4	6	2	9	5	7	8	1	3

223

4	6	8	1	5	2	3	9	7
5	9	2	6	7	3	4	8	1
1	7	3	8	4	9	2	6	5
7	3	9	2	8	4	1	5	6
8	4	5	7	1	6	9	3	2
2	1	6	9	3	5	7	4	8
6	5	4	3	2	1	8	7	9
3	8	1	5	9	7	6	2	4
9	2	7	4	6	8	5	1	3

224

2	1	5	7	9	4	6	3	8
4	8	3	2	6	1	9	5	7
6	7	9	3	8	5	1	4	2
3	9	7	4	1	2	8	6	5
5	6	4	8	7	9	3	2	1
8	2	1	5	3	6	4	7	9
1	3	2	9	4	7	5	8	6
7	4	6	1	5	8	2	9	3
9	5	8	6	2	3	7	1	4

225

5	4	8	9	2	3	6	7	1
3	1	9	5	7	6	4	2	8
6	7	2	8	4	1	5	3	9
8	3	4	1	6	5	7	9	2
7	5	6	2	8	9	1	4	3
9	2	1	7	3	4	8	5	6
1	9	3	4	5	8	2	6	7
4	6	7	3	1	2	9	8	5
2	8	5	6	9	7	3	1	4

226

1	8	6	2	7	4	5	9	3
9	5	4	6	3	8	7	1	2
3	2	7	9	5	1	6	4	8
8	1	2	5	6	3	9	7	4
7	3	9	1	4	2	8	6	5
6	4	5	7	8	9	2	3	1
4	6	1	8	9	5	3	2	7
5	9	3	4	2	7	1	8	6
2	7	8	3	1	6	4	5	9

227

1	4	3	9	7	5	8	6	2
7	2	9	3	6	8	5	1	4
8	5	6	4	2	1	3	9	7
3	7	2	6	1	9	4	8	5
5	6	8	7	4	2	9	3	1
4	9	1	8	5	3	2	7	6
9	1	5	2	3	6	7	4	8
6	8	7	5	9	4	1	2	3
2	3	4	1	8	7	6	5	9

228

3	6	9	5	8	2	7	1	4
2	7	4	1	9	6	3	8	5
5	1	8	3	4	7	9	2	6
9	8	5	7	2	1	6	4	3
6	4	7	9	3	8	2	5	1
1	3	2	6	5	4	8	9	7
7	5	1	2	6	9	4	3	8
4	2	3	8	7	5	1	6	9
8	9	6	4	1	3	5	7	2

229

9	5	8	2	4	6	7	3	1
4	7	1	9	5	3	6	2	8
2	6	3	1	8	7	5	4	9
5	3	6	8	9	4	1	7	2
7	8	9	3	1	2	4	5	6
1	4	2	6	7	5	9	8	3
3	1	4	5	2	9	8	6	7
6	9	7	4	3	8	2	1	5
8	2	5	7	6	1	3	9	4

230

1	8	4	9	7	6	2	5	3
7	3	6	8	2	5	9	1	4
2	5	9	3	4	1	8	7	6
8	6	7	5	9	4	1	3	2
9	1	5	6	3	2	4	8	7
3	4	2	7	1	8	5	6	9
4	7	8	2	5	3	6	9	1
5	2	3	1	6	9	7	4	8
6	9	1	4	8	7	3	2	5

231

7	8	9	3	2	1	6	5	4
2	5	6	7	4	8	3	9	1
1	4	3	6	9	5	7	2	8
9	1	2	5	8	3	4	7	6
4	3	8	9	7	6	2	1	5
6	7	5	2	1	4	9	8	3
8	2	1	4	3	9	5	6	7
5	9	4	8	6	7	1	3	2
3	6	7	1	5	2	8	4	9

232

6	8	5	1	2	9	7	4	3
4	1	7	3	5	6	9	2	8
2	3	9	8	4	7	5	1	6
3	7	8	4	1	2	6	9	5
9	2	1	5	6	3	4	8	7
5	6	4	9	7	8	2	3	1
8	9	2	7	3	5	1	6	4
1	5	3	6	9	4	8	7	2
7	4	6	2	8	1	3	5	9

233

6	5	4	1	3	2	7	9	8
7	2	9	4	5	8	1	3	6
3	8	1	9	7	6	5	4	2
2	3	6	7	9	4	8	1	5
4	7	8	6	1	5	9	2	3
1	9	5	2	8	3	4	6	7
8	4	2	5	6	1	3	7	9
9	1	3	8	2	7	6	5	4
5	6	7	3	4	9	2	8	1

234

2	1	8	4	3	7	5	9	6
5	7	3	2	9	6	8	1	4
6	9	4	8	5	1	2	7	3
1	8	9	7	6	4	3	5	2
7	3	2	5	8	9	6	4	1
4	5	6	3	1	2	9	8	7
8	6	5	1	7	3	4	2	9
9	2	7	6	4	8	1	3	5
3	4	1	9	2	5	7	6	8

235

2	6	1	8	7	4	5	9	3
4	8	5	9	2	3	1	7	6
3	7	9	6	5	1	4	2	8
6	2	8	3	9	5	7	4	1
7	5	4	1	6	2	3	8	9
9	1	3	7	4	8	2	6	5
1	3	7	2	8	9	6	5	4
8	4	6	5	3	7	9	1	2
5	9	2	4	1	6	8	3	7

236

2	9	7	5	6	8	1	3	4
4	6	3	1	7	2	9	5	8
8	1	5	4	3	9	2	6	7
6	5	4	2	1	3	8	7	9
7	2	9	6	8	4	3	1	5
3	8	1	9	5	7	4	2	6
1	3	6	8	9	5	7	4	2
9	7	2	3	4	6	5	8	1
5	4	8	7	2	1	6	9	3

237

8	3	9	7	4	6	2	5	1
7	4	5	2	8	1	6	3	9
1	6	2	9	5	3	7	8	4
2	9	3	1	6	5	4	7	8
5	1	8	4	9	7	3	6	2
4	7	6	3	2	8	1	9	5
6	8	4	5	3	2	9	1	7
3	2	1	8	7	9	5	4	6
9	5	7	6	1	4	8	2	3

238

3	7	5	2	6	4	9	1	8
6	1	8	5	9	3	4	7	2
2	4	9	8	7	1	6	3	5
8	9	1	4	3	7	2	5	6
4	5	2	1	8	6	3	9	7
7	3	6	9	5	2	8	4	1
5	8	7	3	2	9	1	6	4
1	2	3	6	4	5	7	8	9
9	6	4	7	1	8	5	2	3

239

9	1	5	4	6	2	7	3	8
6	4	3	7	8	5	9	2	1
2	8	7	9	3	1	5	6	4
3	7	8	2	1	4	6	9	5
1	9	6	3	5	8	2	4	7
4	5	2	6	9	7	1	8	3
8	3	9	5	7	6	4	1	2
7	2	1	8	4	9	3	5	6
5	6	4	1	2	3	8	7	9

240

9	6	4	8	5	3	2	1	7
2	7	3	1	4	6	9	5	8
1	5	8	9	7	2	6	4	3
7	4	5	3	1	9	8	6	2
3	9	2	4	6	8	1	7	5
6	8	1	5	2	7	4	3	9
4	2	7	6	8	5	3	9	1
5	1	9	2	3	4	7	8	6
8	3	6	7	9	1	5	2	4

241

```
7 9 5 4 6 3 2 8 1
4 6 8 1 2 5 9 3 7
1 3 2 7 9 8 6 5 4
8 7 4 6 5 2 1 9 3
9 1 6 3 4 7 8 2 5
5 2 3 8 1 9 4 7 6
3 4 7 9 8 6 5 1 2
6 5 9 2 7 1 3 4 8
2 8 1 5 3 4 7 6 9
```

242

```
5 3 6 2 1 8 7 9 4
1 8 7 9 3 4 6 2 5
2 9 4 7 5 6 8 3 1
4 6 9 5 7 2 1 8 3
8 5 3 1 4 9 2 6 7
7 2 1 6 8 3 4 5 9
9 7 8 4 6 5 3 1 2
3 1 2 8 9 7 5 4 6
6 4 5 3 2 1 9 7 8
```

243

```
4 1 6 8 2 7 5 3 9
2 5 9 3 6 1 8 7 4
7 8 3 9 4 5 6 2 1
9 2 4 7 8 3 1 6 5
3 6 8 5 1 4 7 9 2
1 7 5 6 9 2 3 4 8
8 9 7 4 5 6 2 1 3
6 4 2 1 3 8 9 5 7
5 3 1 2 7 9 4 8 6
```

244

```
5 7 9 8 6 1 4 2 3
6 2 3 5 4 7 1 9 8
4 8 1 3 2 9 7 5 6
1 5 4 6 9 3 2 8 7
2 3 7 4 8 5 6 1 9
9 6 8 1 7 2 5 3 4
3 4 2 9 5 6 8 7 1
8 9 5 7 1 4 3 6 2
7 1 6 2 3 8 9 4 5
```

245

```
8 9 2 6 5 3 7 4 1
6 4 3 1 7 8 5 2 9
7 5 1 4 2 9 6 8 3
4 2 7 8 9 6 1 3 5
1 8 5 3 4 7 9 6 2
3 6 9 5 1 2 4 7 8
5 7 8 9 3 4 2 1 6
2 1 6 7 8 5 3 9 4
9 3 4 2 6 1 8 5 7
```

246

```
8 1 4 5 6 3 7 9 2
2 3 5 4 9 7 8 1 6
9 7 6 2 1 8 3 5 4
4 9 1 8 7 2 5 6 3
6 2 3 1 5 4 9 7 8
5 8 7 6 3 9 4 2 1
3 5 8 7 2 6 1 4 9
7 6 9 3 4 1 2 8 5
1 4 2 9 8 5 6 3 7
```

247

```
2 5 3 8 7 1 9 6 4
1 6 4 9 3 2 5 7 8
7 9 8 6 5 4 3 2 1
8 3 7 1 4 6 2 5 9
5 2 6 3 9 8 1 4 7
4 1 9 5 2 7 6 8 3
9 8 2 4 6 3 7 1 5
6 4 5 7 1 9 8 3 2
3 7 1 2 8 5 4 9 6
```

248

```
3 7 2 5 1 4 9 6 8
4 9 1 3 8 6 7 5 2
8 5 6 2 7 9 1 3 4
5 1 3 9 2 7 8 4 6
9 6 4 8 3 1 2 7 5
7 2 8 6 4 5 3 1 9
6 8 5 7 9 3 4 2 1
1 3 9 4 6 2 5 8 7
2 4 7 1 5 8 6 9 3
```

249

```
5 6 4 3 2 1 8 9 7
2 3 8 5 7 9 6 4 1
7 9 1 8 4 6 2 3 5
6 5 2 7 8 4 9 1 3
3 4 9 1 5 2 7 8 6
8 1 7 6 9 3 5 2 4
4 2 6 9 1 7 3 5 8
1 7 5 2 3 8 4 6 9
9 8 3 4 6 5 1 7 2
```

250

```
6 5 4 1 3 2 7 8 9
2 1 3 7 9 8 6 5 4
8 9 7 4 6 5 3 2 1
9 4 1 5 7 6 8 3 2
7 6 2 8 1 3 4 9 5
5 3 8 2 4 9 1 7 6
3 7 9 6 5 1 2 4 8
1 2 5 3 8 4 9 6 7
4 8 6 9 2 7 5 1 3
```

251

```
1 7 9 3 5 8 6 4 2
2 6 3 1 4 7 9 8 5
4 8 5 9 2 6 1 7 3
3 2 8 6 9 5 4 1 7
6 5 4 7 8 1 3 2 9
7 9 1 4 3 2 8 5 6
8 1 2 5 6 3 7 9 4
5 4 6 8 7 9 2 3 1
9 3 7 2 1 4 5 6 8
```

252

```
2 8 1 6 7 3 5 4 9
7 4 5 2 9 8 1 3 6
3 6 9 5 1 4 8 2 7
4 7 6 8 2 1 3 9 5
9 1 2 3 5 6 4 7 8
8 5 3 7 4 9 6 1 2
1 9 8 4 6 7 2 5 3
5 3 4 9 8 2 7 6 1
6 2 7 1 3 5 9 8 4
```

253

```
6 7 3 2 9 1 8 4 5
1 9 2 5 8 4 3 6 7
4 5 8 6 3 7 2 9 1
5 3 4 1 6 8 9 7 2
7 6 1 4 2 9 5 8 3
2 8 9 7 5 3 6 1 4
9 2 7 8 4 5 1 3 6
8 4 6 3 1 2 7 5 9
3 1 5 9 7 6 4 2 8
```

254

```
3 8 4 5 1 9 2 6 7
2 5 7 6 8 4 3 9 1
1 6 9 3 7 2 4 8 5
5 4 6 1 2 3 9 7 8
9 2 8 4 5 7 6 1 3
7 1 3 8 9 6 5 4 2
8 9 1 2 6 5 7 3 4
4 7 5 9 3 1 8 2 6
6 3 2 7 4 8 1 5 9
```

255

```
8 5 1 9 6 2 7 3 4
6 4 2 3 1 7 5 9 8
7 3 9 8 4 5 1 2 6
2 6 5 1 7 3 4 8 9
9 7 8 4 5 6 2 1 3
4 1 3 2 8 9 6 5 7
5 2 7 6 9 8 3 4 1
1 9 6 5 3 4 8 7 2
3 8 4 7 2 1 9 6 5
```

256

```
1 2 3 7 9 8 5 6 4
4 8 9 1 5 6 3 7 2
5 6 7 2 4 3 8 9 1
6 4 2 8 3 9 7 1 5
3 9 1 5 7 2 4 8 6
8 7 5 6 1 4 9 2 3
9 3 6 4 8 1 2 5 7
2 5 8 3 6 7 1 4 9
7 1 4 9 2 5 6 3 8
```

257

```
7 5 9 2 4 8 3 6 1
3 2 8 7 6 1 4 5 9
1 6 4 9 3 5 7 2 8
9 4 6 8 1 2 5 7 3
2 7 5 3 9 4 1 8 6
8 1 3 6 5 7 2 9 4
4 9 2 1 7 6 8 3 5
6 8 1 5 2 3 9 4 7
5 3 7 4 8 9 6 1 2
```

258

```
7 4 1 3 8 9 2 5 6
6 5 9 4 2 1 7 3 8
2 8 3 6 7 5 4 9 1
3 1 2 7 9 8 6 4 5
4 9 6 2 5 3 8 1 7
8 7 5 1 4 6 9 2 3
9 2 8 5 1 7 3 6 4
1 3 4 8 6 2 5 7 9
5 6 7 9 3 4 1 8 2
```

259

```
9 7 4 8 2 3 5 1 6
1 6 5 9 7 4 3 2 8
8 3 2 6 5 1 7 4 9
6 5 3 2 4 7 9 8 1
2 9 1 3 8 6 4 5 7
7 4 8 1 9 5 2 6 3
3 2 7 4 1 8 6 9 5
5 8 9 7 6 2 1 3 4
4 1 6 5 3 9 8 7 2
```

260

```
1 2 3 7 9 8 5 6 4
8 4 6 1 2 5 7 3 9
7 5 9 3 4 6 2 8 1
5 9 4 6 8 2 3 1 7
2 3 8 4 1 7 6 9 5
6 7 1 5 3 9 8 4 2
3 6 2 9 7 4 1 5 8
4 8 5 2 6 1 9 7 3
9 1 7 8 5 3 4 2 6
```

The Must Have 2016 Sudoku Puzzle Book

261

8	7	2	9	4	6	1	5	3
4	6	5	3	2	1	7	9	8
1	9	3	8	5	7	6	2	4
3	4	6	5	7	2	8	1	9
7	1	8	6	9	4	5	3	2
2	5	9	1	8	3	4	7	6
6	8	1	2	3	5	9	4	7
5	2	7	4	6	9	3	8	1
9	3	4	7	1	8	2	6	5

262

8	5	1	3	9	2	6	7	4
3	4	9	7	1	6	2	5	8
2	6	7	8	4	5	1	9	3
7	9	5	4	6	3	8	1	2
4	8	6	2	5	1	7	3	9
1	3	2	9	8	7	5	4	6
5	7	3	6	2	4	9	8	1
9	2	4	1	7	8	3	6	5
6	1	8	5	3	9	4	2	7

263

2	4	7	6	3	8	9	5	1
9	3	1	7	4	5	8	6	2
8	5	6	9	1	2	3	4	7
5	9	8	3	7	1	6	2	4
1	2	3	5	6	4	7	8	9
6	7	4	2	8	9	1	3	5
4	6	9	8	2	7	5	1	3
7	8	2	1	5	3	4	9	6
3	1	5	4	9	6	2	7	8

264

4	8	2	1	5	9	7	6	3
3	1	6	4	8	7	2	9	5
9	5	7	3	2	6	1	8	4
6	4	1	8	7	3	9	5	2
2	9	5	6	1	4	8	3	7
7	3	8	5	9	2	6	4	1
1	6	9	7	3	5	4	2	8
8	2	3	9	4	1	5	7	6
5	7	4	2	6	8	3	1	9

265

2	9	7	6	8	4	1	5	3
4	5	6	2	3	1	7	9	8
1	8	3	9	7	5	2	4	6
7	4	1	5	2	8	3	6	9
5	2	8	3	9	6	4	1	7
3	6	9	4	1	7	5	8	2
9	3	5	8	4	2	6	7	1
8	1	4	7	6	3	9	2	5
6	7	2	1	5	9	8	3	4

266

9	3	2	1	8	7	6	4	5
1	4	6	5	3	9	7	8	2
8	7	5	6	2	4	9	1	3
4	9	8	2	7	3	1	5	6
5	6	3	9	4	1	2	7	8
2	1	7	8	6	5	4	3	9
6	5	4	3	1	2	8	9	7
7	2	9	4	5	8	3	6	1
3	8	1	7	9	6	5	2	4

267

6	5	4	3	9	1	2	8	7
8	2	1	4	6	7	3	9	5
3	7	9	2	8	5	4	6	1
2	1	8	7	4	9	6	5	3
7	4	3	1	5	6	9	2	8
5	9	6	8	3	2	7	1	4
4	6	5	9	7	8	1	3	2
9	3	2	5	1	4	8	7	6
1	8	7	6	2	3	5	4	9

268

2	7	5	3	6	4	8	1	9
3	9	8	1	2	5	7	6	4
4	1	6	7	8	9	5	3	2
9	6	3	5	4	8	2	7	1
8	4	1	2	7	6	9	5	3
7	5	2	9	3	1	4	8	6
5	3	4	6	9	7	1	2	8
1	2	9	8	5	3	6	4	7
6	8	7	4	1	2	3	9	5

269

3	1	2	8	7	9	5	6	4
4	9	7	6	1	5	8	3	2
6	5	8	3	4	2	7	9	1
1	8	6	2	9	7	3	4	5
9	3	5	4	6	1	2	8	7
7	2	4	5	3	8	9	1	6
2	7	9	1	8	6	4	5	3
8	6	3	7	5	4	1	2	9
5	4	1	9	2	3	6	7	8

270

6	3	5	9	8	1	7	4	2
8	2	1	4	7	5	9	3	6
7	4	9	6	2	3	5	8	1
1	5	6	3	4	9	8	2	7
4	8	2	5	6	7	3	1	9
3	9	7	2	1	8	6	5	4
9	7	8	1	3	2	4	6	5
2	6	3	7	5	4	1	9	8
5	1	4	8	9	6	2	7	3

271

8	5	9	2	1	6	7	4	3
2	3	1	9	7	4	5	8	6
4	7	6	3	8	5	2	1	9
6	8	2	4	5	1	9	3	7
9	4	7	8	3	2	1	6	5
3	1	5	6	9	7	4	2	8
7	9	8	1	2	3	6	5	4
1	6	3	5	4	9	8	7	2
5	2	4	7	6	8	3	9	1

272

4	3	5	1	7	9	8	2	6
1	9	7	8	2	6	3	4	5
8	6	2	3	5	4	9	7	1
9	2	1	4	3	5	6	8	7
3	5	6	7	9	8	4	1	2
7	8	4	6	1	2	5	3	9
5	1	8	2	6	3	7	9	4
2	4	9	5	8	7	1	6	3
6	7	3	9	4	1	2	5	8

273

8	2	9	3	7	4	6	5	1
1	3	6	9	5	2	8	4	7
7	5	4	1	6	8	3	9	2
4	8	1	5	9	3	7	2	6
3	9	7	4	2	6	1	8	5
2	6	5	7	8	1	4	3	9
6	1	2	8	3	9	5	7	4
9	7	8	6	4	5	2	1	3
5	4	3	2	1	7	9	6	8

274

7	2	8	5	6	9	4	1	3
5	6	3	1	4	8	7	2	9
1	4	9	7	3	2	6	8	5
2	5	6	8	7	4	3	9	1
4	3	1	9	5	6	8	7	2
9	8	7	3	2	1	5	6	4
6	7	4	2	9	5	1	3	8
8	9	5	6	1	3	2	4	7
3	1	2	4	8	7	9	5	6

275

5	3	1	4	9	7	2	8	6
6	9	2	8	5	1	7	3	4
8	4	7	6	2	3	1	9	5
9	1	5	3	4	2	6	7	8
4	6	8	7	1	9	5	2	3
7	2	3	5	8	6	4	1	9
3	7	9	1	6	4	8	5	2
1	5	6	2	3	8	9	4	7
2	8	4	9	7	5	3	6	1

276

6	2	9	5	7	4	3	1	8
7	1	4	2	3	8	5	9	6
5	8	3	9	6	1	7	4	2
3	7	2	8	5	9	4	6	1
1	9	8	7	4	6	2	5	3
4	5	6	3	1	2	9	8	7
2	4	1	6	9	3	8	7	5
9	3	5	1	8	7	6	2	4
8	6	7	4	2	5	1	3	9

277

9	3	8	2	7	6	5	4	1
7	5	6	3	4	1	2	8	9
1	2	4	5	8	9	6	3	7
4	6	7	1	5	3	8	9	2
8	9	5	6	2	4	1	7	3
2	1	3	7	9	8	4	6	5
3	8	1	9	6	2	7	5	4
6	7	2	4	3	5	9	1	8
5	4	9	8	1	7	3	2	6

278

6	3	9	2	4	1	7	8	5
4	7	2	8	3	5	6	9	1
1	5	8	6	9	7	3	2	4
5	4	6	3	1	2	9	7	8
2	9	7	5	6	8	4	1	3
8	1	3	9	7	4	5	6	2
7	8	1	4	5	9	2	3	6
9	6	5	1	2	3	8	4	7
3	2	4	7	8	6	1	5	9

279

8	9	5	3	6	4	7	2	1
4	7	6	1	2	5	9	3	8
2	1	3	7	8	9	5	6	4
7	8	2	9	3	1	4	5	6
3	5	9	6	4	2	8	1	7
6	4	1	5	7	8	2	9	3
5	3	8	2	1	7	6	4	9
1	2	7	4	9	6	3	8	5
9	6	4	8	5	3	1	7	2

280

9	5	4	2	6	1	8	3	7
6	1	2	3	7	8	4	9	5
3	8	7	5	4	9	1	2	6
1	2	5	8	3	7	9	6	4
8	4	6	1	9	5	3	7	2
7	3	9	4	2	6	5	1	8
2	9	8	6	5	3	7	4	1
4	7	1	9	8	2	6	5	3
5	6	3	7	1	4	2	8	9

281

6	5	8	3	7	1	4	2	9
2	7	9	4	8	6	3	1	5
1	4	3	5	9	2	8	7	6
4	6	1	9	5	7	2	8	3
5	3	2	8	6	4	7	9	1
9	8	7	2	1	3	5	6	4
3	9	5	6	2	8	1	4	7
7	2	6	1	4	5	9	3	8
8	1	4	7	3	9	6	5	2

282

5	2	1	9	3	8	7	6	4
4	3	6	1	7	2	9	5	8
8	9	7	4	6	5	1	2	3
6	1	2	3	4	9	5	8	7
3	8	9	5	1	7	6	4	2
7	5	4	8	2	6	3	9	1
2	4	3	6	9	1	8	7	5
9	7	5	2	8	3	4	1	6
1	6	8	7	5	4	2	3	9

283

5	8	4	3	9	2	1	7	6
9	1	7	6	5	4	3	8	2
6	3	2	7	1	8	9	4	5
8	4	6	5	2	1	7	3	9
7	5	9	4	3	6	8	2	1
1	2	3	9	8	7	5	6	4
4	9	8	1	6	3	2	5	7
2	7	5	8	4	9	6	1	3
3	6	1	2	7	5	4	9	8

284

9	3	8	7	6	5	2	1	4
6	4	5	1	2	3	8	7	9
2	1	7	4	8	9	3	6	5
3	5	4	6	7	8	9	2	1
1	6	9	2	3	4	5	8	7
8	7	2	9	5	1	4	3	6
4	8	1	3	9	7	6	5	2
7	2	3	5	4	6	1	9	8
5	9	6	8	1	2	7	4	3

285

8	9	6	4	2	5	3	7	1
3	2	1	7	9	8	6	5	4
5	4	7	1	6	3	8	9	2
7	8	4	2	1	6	5	3	9
1	6	5	3	8	9	2	4	7
2	3	9	5	7	4	1	8	6
6	5	3	9	4	1	7	2	8
4	1	2	8	3	7	9	6	5
9	7	8	6	5	2	4	1	3

286

5	9	6	3	2	4	8	1	7
1	2	3	8	7	9	6	4	5
8	4	7	6	1	5	2	3	9
9	8	1	7	6	2	3	5	4
2	3	4	5	8	1	9	7	6
6	7	5	4	9	3	1	2	8
4	6	2	9	3	7	5	8	1
7	1	9	2	5	8	4	6	3
3	5	8	1	4	6	7	9	2

287

6	1	2	8	5	9	4	7	3
8	4	7	3	1	2	9	5	6
5	9	3	7	6	4	2	8	1
4	5	6	1	2	3	7	9	8
3	7	9	4	8	5	1	6	2
1	2	8	9	7	6	3	4	5
9	3	5	2	4	8	6	1	7
2	6	1	5	9	7	8	3	4
7	8	4	6	3	1	5	2	9

288

9	7	4	3	8	6	5	2	1
1	6	8	5	7	2	3	9	4
2	5	3	9	1	4	7	8	6
8	1	2	7	6	9	4	5	3
7	3	9	8	4	5	6	1	2
5	4	6	1	2	3	9	7	8
4	2	7	6	9	1	8	3	5
3	8	1	4	5	7	2	6	9
6	9	5	2	3	8	1	4	7

289

9	8	7	6	4	5	2	3	1
4	5	3	2	1	8	7	6	9
6	2	1	9	3	7	5	8	4
2	7	6	4	5	3	9	1	8
8	3	5	1	9	6	4	7	2
1	9	4	7	8	2	3	5	6
3	6	9	8	7	4	1	2	5
5	1	8	3	2	9	6	4	7
7	4	2	5	6	1	8	9	3

290

9	1	2	3	8	7	6	4	5
5	3	8	1	6	4	2	9	7
6	7	4	9	5	2	3	8	1
2	9	1	5	4	6	8	7	3
8	4	3	7	9	1	5	2	6
7	6	5	2	3	8	4	1	9
1	8	9	6	2	3	7	5	4
3	2	7	4	1	5	9	6	8
4	5	6	8	7	9	1	3	2

291

8	4	2	1	6	9	3	7	5
6	9	3	5	7	2	1	4	8
1	7	5	3	4	8	9	6	2
3	5	7	9	2	4	8	1	6
4	1	9	6	8	5	7	2	3
2	8	6	7	1	3	5	9	4
5	6	4	8	9	7	2	3	1
7	3	1	2	5	6	4	8	9
9	2	8	4	3	1	6	5	7

292

2	9	7	4	3	8	6	5	1
8	4	5	7	6	1	9	2	3
1	6	3	2	9	5	8	4	7
4	7	2	9	5	6	3	1	8
5	1	8	3	4	7	2	9	6
9	3	6	8	1	2	5	7	4
7	2	9	6	8	4	1	3	5
6	5	4	1	2	3	7	8	9
3	8	1	5	7	9	4	6	2

293

5	4	7	6	1	3	2	8	9
3	9	6	2	8	4	7	1	5
8	2	1	9	5	7	3	4	6
4	6	8	1	7	9	5	2	3
9	7	5	3	2	8	4	6	1
2	1	3	4	6	5	8	9	7
7	5	4	8	9	6	1	3	2
1	8	9	5	3	2	6	7	4
6	3	2	7	4	1	9	5	8

294

6	3	2	4	9	5	7	8	1
7	4	8	1	6	3	9	5	2
5	9	1	8	2	7	6	4	3
4	7	9	3	8	1	5	2	6
8	5	6	9	7	2	3	1	4
1	2	3	6	5	4	8	7	9
9	1	4	5	3	8	2	6	7
2	6	5	7	4	9	1	3	8
3	8	7	2	1	6	4	9	5

295

1	4	6	7	9	5	3	8	2
7	9	8	1	2	3	6	5	4
2	5	3	6	4	8	7	9	1
3	2	4	9	5	7	8	1	6
9	7	1	3	8	6	2	4	5
8	6	5	2	1	4	9	7	3
5	3	9	4	7	2	1	6	8
4	1	2	8	6	9	5	3	7
6	8	7	5	3	1	4	2	9

296

1	3	5	2	4	9	7	6	8
9	4	7	6	8	5	3	2	1
2	8	6	3	1	7	5	9	4
4	5	8	7	9	3	6	1	2
6	7	9	8	2	1	4	3	5
3	2	1	5	6	4	8	7	9
8	6	3	9	5	2	1	4	7
7	1	2	4	3	8	9	5	6
5	9	4	1	7	6	2	8	3

297

2	8	9	6	4	1	5	7	3
1	4	6	5	3	7	8	2	9
5	7	3	9	8	2	1	4	6
3	9	2	1	6	5	7	8	4
6	5	7	8	2	4	9	3	1
4	1	8	3	7	9	6	5	2
7	6	5	2	1	3	4	9	8
9	3	1	4	5	8	2	6	7
8	2	4	7	9	6	3	1	5

298

5	3	1	7	8	6	2	4	9
7	2	4	9	3	5	1	8	6
8	6	9	4	1	2	7	5	3
1	7	8	3	2	4	9	6	5
3	9	2	6	5	1	8	7	4
4	5	6	8	9	7	3	1	2
2	4	5	1	7	3	6	9	8
9	1	3	5	6	8	4	2	7
6	8	7	2	4	9	5	3	1

299

6	5	7	8	3	4	1	2	9
2	4	1	7	6	9	5	3	8
9	8	3	5	2	1	6	4	7
8	2	6	1	5	3	9	7	4
3	1	4	6	9	7	8	5	2
5	7	9	4	8	2	3	6	1
1	3	8	2	4	6	7	9	5
4	6	5	9	7	8	2	1	3
7	9	2	3	1	5	4	8	6

300

1	9	8	7	6	5	2	3	4
3	2	6	1	8	4	7	5	9
4	7	5	3	2	9	8	6	1
6	5	9	2	1	8	4	7	3
7	4	3	9	5	6	1	2	8
8	1	2	4	7	3	6	9	5
9	8	1	6	3	2	5	4	7
2	3	7	5	4	1	9	8	6
5	6	4	8	9	7	3	1	2

301

1	5	9	2	7	3	6	4	8
3	7	2	8	6	4	1	5	9
4	6	8	1	5	9	2	7	3
7	2	4	5	9	1	8	3	6
5	9	6	4	3	8	7	1	2
8	3	1	7	2	6	4	9	5
2	1	7	9	8	5	3	6	4
9	8	3	6	4	7	5	2	1
6	4	5	3	1	2	9	8	7

302

9	6	1	4	5	3	7	8	2
8	5	7	1	2	6	9	3	4
3	4	2	9	8	7	6	1	5
1	3	4	7	9	2	8	5	6
7	9	8	5	6	4	1	2	3
5	2	6	8	3	1	4	9	7
4	8	5	3	7	9	2	6	1
2	7	9	6	1	5	3	4	8
6	1	3	2	4	8	5	7	9

303

5	8	9	4	1	3	6	7	2
4	7	3	2	9	6	5	1	8
6	1	2	8	7	5	3	4	9
7	9	4	5	6	2	8	3	1
8	3	6	1	4	9	7	2	5
1	2	5	7	3	8	9	6	4
9	4	1	3	5	7	2	8	6
3	6	8	9	2	1	4	5	7
2	5	7	6	8	4	1	9	3

304

6	5	7	1	4	3	2	9	8
9	4	8	6	2	5	3	1	7
3	2	1	7	8	9	6	4	5
1	6	9	2	7	8	5	3	4
5	8	4	9	3	1	7	2	6
7	3	2	4	5	6	1	8	9
4	1	6	3	9	7	8	5	2
2	7	5	8	1	4	9	6	3
8	9	3	5	6	2	4	7	1

305

1	2	3	4	6	5	9	8	7
4	9	8	1	2	7	3	5	6
7	5	6	9	3	8	2	4	1
6	3	4	7	8	2	5	1	9
9	8	7	3	5	1	4	6	2
5	1	2	6	4	9	7	3	8
3	7	9	5	1	6	8	2	4
8	4	1	2	9	3	6	7	5
2	6	5	8	7	4	1	9	3

306

5	9	7	3	8	6	2	1	4
4	3	6	1	9	2	8	7	5
2	8	1	7	5	4	6	9	3
1	6	4	5	3	7	9	8	2
8	7	2	9	4	1	5	3	6
3	5	9	6	2	8	1	4	7
9	2	3	4	1	5	7	6	8
7	1	8	2	6	3	4	5	9
6	4	5	8	7	9	3	2	1

307

1	5	3	9	7	6	2	4	8
7	8	2	1	4	5	3	6	9
4	9	6	8	3	2	5	7	1
5	4	8	6	9	3	1	2	7
3	7	9	2	1	4	8	5	6
2	6	1	5	8	7	9	3	4
6	1	7	3	5	8	4	9	2
8	3	4	7	2	9	6	1	5
9	2	5	4	6	1	7	8	3

308

1	3	4	9	2	7	6	8	5
7	8	2	5	4	6	1	3	9
6	5	9	1	8	3	7	2	4
3	7	6	2	5	8	4	9	1
5	4	1	6	3	9	8	7	2
2	9	8	4	7	1	3	5	6
9	2	3	7	6	4	5	1	8
8	6	5	3	1	2	9	4	7
4	1	7	8	9	5	2	6	3

309

2	3	8	7	4	9	6	1	5
5	4	6	1	3	2	8	7	9
7	1	9	6	5	8	4	2	3
4	9	2	3	7	6	5	8	1
3	6	1	9	8	5	7	4	2
8	7	5	2	1	4	9	3	6
6	8	4	5	2	1	3	9	7
1	5	3	4	9	7	2	6	8
9	2	7	8	6	3	1	5	4

310

9	8	7	5	6	3	2	1	4
6	4	2	8	9	1	3	7	5
5	1	3	2	4	7	8	6	9
3	2	1	9	7	8	4	5	6
7	9	5	4	2	6	1	8	3
8	6	4	3	1	5	9	2	7
4	7	6	1	8	9	5	3	2
2	5	8	7	3	4	6	9	1
1	3	9	6	5	2	7	4	8

311

5	1	3	6	4	7	2	8	9
2	9	8	5	3	1	4	6	7
7	4	6	9	8	2	5	1	3
3	2	1	7	9	8	6	5	4
4	6	9	1	5	3	8	7	2
8	7	5	2	6	4	3	9	1
6	5	2	4	1	9	7	3	8
9	8	4	3	7	5	1	2	6
1	3	7	8	2	6	9	4	5

312

3	2	1	9	8	7	4	6	5
9	4	7	3	5	6	1	8	2
8	6	5	2	4	1	3	7	9
2	7	4	6	9	3	5	1	8
5	9	8	1	2	4	7	3	6
1	3	6	8	7	5	2	9	4
6	8	3	4	1	2	9	5	7
4	5	9	7	3	8	6	2	1
7	1	2	5	6	9	8	4	3

313

1	8	3	9	2	6	4	7	5
9	5	4	1	7	3	6	2	8
6	7	2	5	4	8	3	9	1
3	9	5	8	6	7	2	1	4
8	6	7	4	1	2	5	3	9
2	4	1	3	9	5	7	8	6
5	1	8	7	3	4	9	6	2
4	3	6	2	8	9	1	5	7
7	2	9	6	5	1	8	4	3

314

9	3	8	4	7	1	2	5	6
4	1	7	5	2	6	8	9	3
5	6	2	8	3	9	4	1	7
7	5	6	1	9	8	3	2	4
2	9	1	3	6	4	5	7	8
3	8	4	7	5	2	9	6	1
6	4	9	2	8	7	1	3	5
1	2	3	6	4	5	7	8	9
8	7	5	9	1	3	6	4	2

315

1	7	8	2	3	5	6	9	4
9	3	2	1	6	4	7	8	5
4	5	6	7	9	8	1	3	2
8	6	7	3	5	1	2	4	9
2	9	5	4	8	6	3	7	1
3	1	4	9	7	2	5	6	8
5	8	1	6	4	3	9	2	7
7	2	3	8	1	9	4	5	6
6	4	9	5	2	7	8	1	3

316

4	3	6	8	7	1	5	9	2
8	1	5	4	2	9	7	3	6
9	2	7	3	6	5	1	8	4
5	7	9	6	8	2	4	1	3
3	4	1	9	5	7	2	6	8
6	8	2	1	4	3	9	7	5
1	6	3	5	9	4	8	2	7
7	9	4	2	3	8	6	5	1
2	5	8	7	1	6	3	4	9

317

4	6	3	8	2	9	1	7	5
7	2	9	3	5	1	8	4	6
5	8	1	7	4	6	9	2	3
6	3	5	2	9	4	7	1	8
2	9	7	6	1	8	3	5	4
1	4	8	5	7	3	6	9	2
8	5	2	9	3	7	4	6	1
9	1	6	4	8	2	5	3	7
3	7	4	1	6	5	2	8	9

318

2	8	5	9	6	4	1	7	3
7	3	1	8	5	2	6	9	4
4	9	6	3	1	7	8	5	2
6	7	9	4	2	5	3	1	8
5	4	8	1	3	6	9	2	7
3	1	2	7	8	9	5	4	6
8	5	4	2	9	3	7	6	1
9	2	3	6	7	1	4	8	5
1	6	7	5	4	8	2	3	9

319

4	6	2	1	7	3	9	8	5
5	1	3	9	2	8	6	4	7
7	9	8	4	5	6	3	2	1
1	3	7	8	9	4	2	5	6
9	8	4	5	6	2	1	7	3
2	5	6	7	3	1	4	9	8
8	2	9	6	1	5	7	3	4
6	7	5	3	4	9	8	1	2
3	4	1	2	8	7	5	6	9

320

9	3	7	2	5	8	4	6	1
5	8	4	6	1	9	3	2	7
1	6	2	7	3	4	8	5	9
6	9	3	1	4	7	5	8	2
7	4	1	5	8	2	9	3	6
2	5	8	9	6	3	1	7	4
3	2	5	4	9	6	7	1	8
4	1	6	8	7	5	2	9	3
8	7	9	3	2	1	6	4	5

321

3	8	9	2	7	6	5	1	4
4	1	6	8	5	3	9	2	7
5	2	7	1	4	9	3	8	6
1	3	5	9	6	4	8	7	2
6	4	2	7	8	5	1	9	3
7	9	8	3	1	2	4	6	5
2	6	3	5	9	1	7	4	8
8	5	1	4	2	7	6	3	9
9	7	4	6	3	8	2	5	1

322

3	8	5	6	1	9	4	2	7
7	4	6	2	5	8	1	3	9
9	1	2	7	4	3	8	6	5
5	7	4	8	9	2	6	1	3
6	9	8	3	7	1	2	5	4
2	3	1	5	6	4	9	7	8
1	2	3	9	8	7	5	4	6
8	6	7	4	2	5	3	9	1
4	5	9	1	3	6	7	8	2

323

2	3	1	8	5	4	9	7	6
4	6	5	9	7	2	3	1	8
7	8	9	6	3	1	5	4	2
6	2	8	7	9	3	4	5	1
5	9	4	2	1	8	6	3	7
3	1	7	4	6	5	2	8	9
9	4	6	3	8	7	1	2	5
1	7	3	5	2	9	8	6	4
8	5	2	1	4	6	7	9	3

324

2	3	5	1	7	8	9	4	6
9	8	7	4	6	5	1	3	2
4	6	1	9	3	2	7	8	5
5	2	9	6	1	4	8	7	3
1	7	8	3	2	9	6	5	4
6	4	3	8	5	7	2	1	9
3	9	4	7	8	6	5	2	1
8	5	6	2	4	1	3	9	7
7	1	2	5	9	3	4	6	8

325

1	3	8	2	5	9	4	6	7
6	4	7	8	1	3	2	9	5
5	9	2	6	7	4	1	8	3
8	1	9	5	2	7	3	4	6
7	5	4	3	8	6	9	1	2
2	6	3	9	4	1	5	7	8
9	8	5	4	6	2	7	3	1
4	7	6	1	3	5	8	2	9
3	2	1	7	9	8	6	5	4

326

8	7	3	5	1	2	9	6	4
9	6	1	4	8	3	2	5	7
5	2	4	7	9	6	3	8	1
6	3	9	1	7	5	4	2	8
2	8	5	9	3	4	1	7	6
4	1	7	2	6	8	5	9	3
1	5	2	6	4	7	8	3	9
3	4	6	8	5	9	7	1	2
7	9	8	3	2	1	6	4	5

327

5	2	9	4	8	7	6	1	3
4	7	8	1	3	6	5	2	9
3	6	1	5	9	2	8	7	4
6	8	4	7	1	9	3	5	2
2	1	3	6	4	5	7	9	8
9	5	7	8	2	3	1	4	6
8	4	6	2	7	1	9	3	5
7	9	2	3	5	8	4	6	1
1	3	5	9	6	4	2	8	7

328

6	7	3	9	2	4	1	8	5
8	9	4	6	1	5	3	2	7
5	2	1	3	7	8	6	4	9
3	4	8	2	5	6	7	9	1
7	1	2	8	9	3	4	5	6
9	6	5	7	4	1	8	3	2
4	5	6	1	3	2	9	7	8
1	3	9	5	8	7	2	6	4
2	8	7	4	6	9	5	1	3

329

9	8	4	1	3	6	7	5	2
7	3	2	4	8	5	6	9	1
5	1	6	7	9	2	4	3	8
4	5	1	9	6	8	2	7	3
2	7	8	5	4	3	1	6	9
6	9	3	2	7	1	8	4	5
8	2	9	6	5	7	3	1	4
3	4	7	8	1	9	5	2	6
1	6	5	3	2	4	9	8	7

330

7	6	9	8	3	4	1	2	5
3	2	8	5	9	1	7	6	4
4	1	5	6	2	7	9	3	8
5	9	7	3	6	2	4	8	1
8	3	6	1	4	9	5	7	2
1	4	2	7	8	5	3	9	6
6	5	4	9	7	8	2	1	3
9	8	1	2	5	3	6	4	7
2	7	3	4	1	6	8	5	9

331

2	7	9	8	5	1	3	6	4
4	6	5	2	3	7	1	9	8
3	1	8	6	9	4	2	5	7
5	3	2	7	4	9	6	8	1
8	9	6	3	1	2	7	4	5
7	4	1	5	8	6	9	3	2
1	2	3	4	6	5	8	7	9
6	5	7	9	2	8	4	1	3
9	8	4	1	7	3	5	2	6

332

5	6	3	2	1	7	9	4	8
2	1	4	9	3	8	6	7	5
8	7	9	5	4	6	1	3	2
7	3	8	4	6	2	5	1	9
9	5	6	3	7	1	8	2	4
4	2	1	8	5	9	3	6	7
1	9	2	6	8	4	7	5	3
3	4	7	1	9	5	2	8	6
6	8	5	7	2	3	4	9	1

333

8	7	9	3	1	2	6	5	4
4	3	2	5	6	7	9	8	1
6	1	5	4	8	9	7	3	2
9	5	7	2	4	6	8	1	3
3	8	4	9	5	1	2	7	6
1	2	6	8	7	3	5	4	9
2	4	8	6	3	5	1	9	7
7	9	3	1	2	8	4	6	5
5	6	1	7	9	4	3	2	8

334

4	1	8	2	5	9	6	3	7
6	5	2	7	3	1	4	9	8
7	3	9	4	8	6	1	5	2
1	4	3	5	2	8	7	6	9
9	8	5	6	1	7	3	2	4
2	6	7	3	9	4	5	8	1
8	2	6	1	4	3	9	7	5
5	7	4	9	6	2	8	1	3
3	9	1	8	7	5	2	4	6

335

5	9	3	2	7	1	6	8	4
1	4	2	5	8	6	7	3	9
7	6	8	4	3	9	1	2	5
2	8	9	7	1	4	3	5	6
3	7	5	6	9	8	2	4	1
4	1	6	3	5	2	8	9	7
8	3	7	9	6	5	4	1	2
6	5	4	1	2	3	9	7	8
9	2	1	8	4	7	5	6	3

336

8	3	5	9	7	2	6	1	4
7	6	9	1	4	5	2	3	8
4	1	2	6	3	8	5	7	9
6	4	8	5	2	1	7	9	3
5	9	7	4	6	3	1	8	2
3	2	1	8	9	7	4	5	6
9	7	3	2	1	4	8	6	5
1	5	4	3	8	6	9	2	7
2	8	6	7	5	9	3	4	1

337

6	8	1	3	7	4	9	5	2
9	2	7	5	6	1	3	4	8
3	4	5	8	9	2	6	1	7
1	9	6	4	2	3	7	8	5
8	3	4	9	5	7	1	2	6
5	7	2	6	1	8	4	9	3
4	6	8	1	3	5	2	7	9
2	1	3	7	8	9	5	6	4
7	5	9	2	4	6	8	3	1

338

8	5	7	1	2	4	3	6	9
1	4	6	7	9	3	2	8	5
2	9	3	8	6	5	4	1	7
3	1	9	2	5	6	7	4	8
4	8	5	3	7	1	9	2	6
7	6	2	4	8	9	5	3	1
5	3	8	6	4	7	1	9	2
6	7	4	9	1	2	8	5	3
9	2	1	5	3	8	6	7	4

339

```
1 2 4 5 9 6 3 7 8
7 5 3 8 1 2 9 4 6
8 9 6 4 7 3 1 2 5
4 3 1 6 5 8 2 9 7
9 8 7 2 3 1 6 5 4
2 6 5 7 4 9 8 3 1
6 7 9 3 8 4 5 1 2
5 1 8 9 2 7 4 6 3
3 4 2 1 6 5 7 8 9
```

340

```
7 1 8 4 9 2 6 5 3
5 9 2 7 6 3 4 1 8
3 4 6 8 5 1 2 9 7
6 5 4 2 8 9 3 7 1
2 7 9 1 3 6 8 4 5
8 3 1 5 7 4 9 2 6
1 2 3 6 4 5 7 8 9
4 6 7 9 1 8 5 3 2
9 8 5 3 2 7 1 6 4
```

341

```
2 1 3 7 8 9 5 6 4
4 7 9 3 6 5 8 2 1
6 5 8 1 4 2 7 9 3
9 2 4 6 7 1 3 5 8
3 6 1 9 5 8 4 7 2
5 8 7 4 2 3 6 1 9
1 3 6 5 9 4 2 8 7
8 4 5 2 1 7 9 3 6
7 9 2 8 3 6 1 4 5
```

342

```
5 1 9 2 7 6 8 4 3
6 4 7 5 3 8 2 1 9
3 8 2 1 4 9 6 5 7
4 7 6 8 9 1 3 2 5
2 3 1 6 5 4 7 9 8
8 9 5 7 2 3 1 6 4
1 5 8 4 6 7 9 3 2
7 2 3 9 1 5 4 8 6
9 6 4 3 8 2 5 7 1
```

343

```
7 5 9 2 3 8 4 1 6
8 6 4 7 9 1 2 5 3
2 3 1 6 5 4 8 7 9
9 7 3 4 2 6 1 8 5
1 8 2 5 7 9 6 3 4
5 4 6 8 1 3 9 2 7
6 9 7 1 8 5 3 4 2
3 1 5 9 4 2 7 6 8
4 2 8 3 6 7 5 9 1
```

344

```
8 3 2 4 1 6 7 9 5
9 4 5 7 3 8 2 6 1
6 7 1 2 9 5 4 8 3
7 8 4 9 5 1 6 3 2
5 1 3 6 4 2 8 7 9
2 9 6 8 7 3 1 5 4
1 5 8 3 6 4 9 2 7
4 6 7 5 2 9 3 1 8
3 2 9 1 8 7 5 4 6
```

345

```
9 6 1 4 2 5 3 7 8
7 3 8 9 1 6 5 2 4
2 4 5 7 8 3 6 9 1
3 8 4 2 7 1 9 5 6
5 1 7 6 9 4 8 3 2
6 9 2 3 5 8 4 1 7
1 7 3 8 4 9 2 6 5
8 2 9 5 6 7 1 4 3
4 5 6 1 3 2 7 8 9
```

346

```
1 9 2 5 8 7 3 6 4
8 4 6 2 9 3 7 1 5
3 7 5 1 4 6 2 8 9
2 6 8 4 1 9 5 7 3
4 1 9 3 7 5 6 2 8
7 5 3 8 6 2 4 9 1
9 8 7 6 5 4 1 3 2
5 2 1 7 3 8 9 4 6
6 3 4 9 2 1 8 5 7
```

347

```
5 1 6 8 7 4 3 9 2
2 3 4 5 9 6 7 8 1
8 7 9 1 2 3 6 5 4
9 5 3 4 1 2 8 6 7
6 4 8 9 5 7 2 1 3
1 2 7 3 6 8 5 4 9
4 8 5 7 3 9 1 2 6
3 9 2 6 8 1 4 7 5
7 6 1 2 4 5 9 3 8
```

348

```
7 8 9 6 4 5 1 3 2
2 5 3 9 1 8 7 6 4
1 4 6 2 3 7 5 9 8
6 7 1 4 5 3 8 2 9
9 2 5 1 8 6 4 7 3
4 3 8 7 9 2 6 1 5
5 9 4 3 6 1 2 8 7
8 1 2 5 7 9 3 4 6
3 6 7 8 2 4 9 5 1
```

349

```
4 1 3 9 2 7 8 5 6
8 2 6 5 3 4 7 9 1
9 5 7 8 1 6 3 2 4
2 8 4 1 7 5 6 3 9
7 6 5 3 4 9 1 8 2
1 3 9 2 6 8 5 4 7
6 9 1 4 8 3 2 7 5
5 7 8 6 9 2 4 1 3
3 4 2 7 5 1 9 6 8
```

350

```
9 6 2 4 7 8 1 3 5
7 5 3 1 9 6 8 4 2
1 4 8 2 3 5 7 6 9
2 9 7 5 8 4 6 1 3
5 1 4 3 6 2 9 8 7
8 3 6 7 1 9 2 5 4
4 8 5 6 2 7 3 9 1
6 7 1 9 4 3 5 2 8
3 2 9 8 5 1 4 7 6
```

351

```
5 8 1 3 9 7 2 6 4
9 6 4 2 1 8 5 3 7
3 2 7 6 4 5 1 9 8
7 3 9 5 8 4 6 1 2
8 1 2 7 6 9 4 5 3
6 4 5 1 2 3 8 7 9
4 7 3 8 5 1 9 2 6
2 5 8 9 3 6 7 4 1
1 9 6 4 7 2 3 8 5
```

352

```
8 7 6 3 2 9 5 4 1
5 1 9 7 6 4 8 2 3
2 4 3 8 5 1 7 6 9
3 6 7 1 9 5 2 8 4
4 8 2 6 3 7 9 1 5
1 9 5 4 8 2 3 7 6
7 2 1 5 4 3 6 9 8
9 3 8 2 1 6 4 5 7
6 5 4 9 7 8 1 3 2
```

353

```
9 6 2 7 3 4 8 1 5
3 8 1 5 6 2 7 4 9
4 5 7 8 1 9 2 6 3
6 1 9 3 4 8 5 2 7
5 2 4 6 9 7 1 3 8
8 7 3 2 5 1 4 9 6
2 4 6 9 8 5 3 7 1
7 9 8 1 2 3 6 5 4
1 3 5 4 7 6 9 8 2
```

354

```
8 6 4 9 7 1 2 5 3
1 5 3 2 4 6 9 8 7
9 7 2 3 8 5 1 4 6
6 4 7 1 5 2 3 9 8
5 8 9 6 3 4 7 2 1
2 3 1 7 9 8 5 6 4
3 2 6 4 1 9 8 7 5
4 1 8 5 2 7 6 3 9
7 9 5 8 6 3 4 1 2
```

355

```
4 9 5 7 6 2 8 3 1
3 7 6 5 8 1 2 4 9
8 1 2 9 3 4 5 7 6
6 4 1 3 5 9 7 2 8
5 2 3 8 1 7 6 9 4
7 8 9 2 4 6 3 1 5
1 3 7 6 9 8 4 5 2
9 5 8 4 2 3 1 6 7
2 6 4 1 7 5 9 8 3
```

356

```
5 4 9 7 8 1 3 6 2
3 2 1 5 6 4 9 8 7
7 8 6 2 3 9 4 5 1
6 1 7 9 5 3 2 4 8
9 5 2 6 4 8 7 1 3
4 3 8 1 2 7 6 9 5
8 6 3 4 1 2 5 7 9
2 7 4 8 9 5 1 3 6
1 9 5 3 7 6 8 2 4
```

357

```
2 3 9 8 1 6 5 4 7
4 1 7 5 2 9 3 6 8
6 8 5 3 7 4 9 2 1
7 9 8 1 3 2 4 5 6
1 4 3 6 5 8 7 9 2
5 2 6 4 9 7 1 8 3
9 5 1 2 6 3 8 7 4
8 7 2 9 4 1 6 3 5
3 6 4 7 8 5 2 1 9
```

358

```
7 4 6 8 9 2 3 5 1
3 1 2 6 5 4 9 8 7
9 5 8 7 3 1 6 4 2
2 8 7 3 1 6 4 9 5
4 6 1 5 2 9 8 7 3
5 3 9 4 7 8 2 1 6
6 7 5 9 4 3 1 2 8
8 2 4 1 6 7 5 3 9
1 9 3 2 8 5 7 6 4
```

The Must Have 2016 Sudoku Puzzle Book

359

7	1	3	5	9	4	2	8	6
9	6	4	7	8	2	1	3	5
2	8	5	6	1	3	4	7	9
6	4	7	3	2	5	8	9	1
8	5	2	9	7	1	3	6	4
1	3	9	8	4	6	7	5	2
3	2	6	4	5	7	9	1	8
5	9	1	2	3	8	6	4	7
4	7	8	1	6	9	5	2	3

360

8	7	3	1	5	4	9	6	2
2	5	1	8	9	6	4	7	3
4	6	9	2	7	3	1	5	8
9	1	7	3	6	8	2	4	5
5	4	2	9	1	7	8	3	6
6	3	8	5	4	2	7	9	1
1	2	6	4	3	9	5	8	7
3	9	5	7	8	1	6	2	4
7	8	4	6	2	5	3	1	9

361

1	2	9	5	4	3	7	8	6
4	6	5	7	9	8	1	2	3
3	7	8	1	6	2	5	4	9
8	3	4	9	2	5	6	1	7
6	9	1	3	7	4	2	5	8
7	5	2	6	8	1	3	9	4
2	8	7	4	1	6	9	3	5
9	1	3	8	5	7	4	6	2
5	4	6	2	3	9	8	7	1

362

6	3	1	5	4	8	7	9	2
8	9	7	3	2	1	6	5	4
4	5	2	6	9	7	3	8	1
3	1	9	2	6	5	8	4	7
2	7	8	4	1	3	5	6	9
5	4	6	8	7	9	1	2	3
9	2	3	7	8	6	4	1	5
1	8	5	9	3	4	2	7	6
7	6	4	1	5	2	9	3	8

363

7	5	4	6	2	8	1	9	3
9	1	3	7	5	4	8	6	2
8	2	6	9	1	3	5	7	4
5	3	2	1	8	7	9	4	6
1	7	9	5	4	6	2	3	8
4	6	8	2	3	9	7	1	5
6	4	1	8	9	5	3	2	7
3	9	5	4	7	2	6	8	1
2	8	7	3	6	1	4	5	9

364

8	4	7	5	3	1	2	6	9
5	9	2	8	6	4	7	1	3
6	1	3	7	2	9	5	4	8
3	5	1	6	7	2	9	8	4
9	2	4	1	8	3	6	5	7
7	8	6	9	4	5	1	3	2
4	6	5	3	9	7	8	2	1
2	7	8	4	1	6	3	9	5
1	3	9	2	5	8	4	7	6

365

1	4	8	7	2	3	5	9	6
2	9	7	5	6	1	4	8	3
5	3	6	9	8	4	7	2	1
6	2	9	3	5	7	1	4	8
4	8	5	6	1	9	3	7	2
7	1	3	8	4	2	6	5	9
8	7	1	4	9	6	2	3	5
9	6	4	2	3	5	8	1	7
3	5	2	1	7	8	9	6	4

366

4	6	1	5	9	7	3	2	8
3	2	5	4	6	8	1	9	7
9	8	7	2	1	3	4	5	6
5	3	8	1	4	9	6	7	2
2	1	9	7	8	6	5	4	3
6	7	4	3	2	5	8	1	9
7	9	3	6	5	1	2	8	4
8	5	2	9	3	4	7	6	1
1	4	6	8	7	2	9	3	5

Other titles from www.buysudokubooks.com & Amazon

SUBSCRIBE TO MAILING LIST

Please subscribe to my Sudoku mailing list by scanning the code or just send an email to jonathan@sudokids.com with your name, surname and email address.

BIGGEST
SUDOKU
Puzzle Book Ever!
2,222
Puzzles
6 Difficulty
Levels

This is the Biggest Sudoku Puzzle Book ever with 2,222 Sudoku Puzzles across 6 levels of difficulty, all of them on a 9X9 grid. To ensure minimum frustration, every puzzle in the book has been carefully checked by sudoku solving software to ensure they each have only one possible solution.

Buy it on Amazon or buysudokubooks.com
or at www.createspace.com/5783751.

ISBN 978-0-9870040-3-1

DISCOVERIES

A KIRKUS service for self-published and independent authors

Bloom, Jonathan
SUDOKIDS.COM:
Sudoku Puzzles For Children Ages 4-8
Sudokids.com (56 pp.)
$5.95 paperback
December 21, 2008
ISBN: 978-0620405935

Sudoku wizard Bloom introduces the complicated game to children in this **easy-to-use guide**. In theory, Sudoku is a remarkably elementary game. But its logic can leave many first-time players - children and adults alike - a little stumped. Bloom offers this easy how-to guide for children, which also features special instructions on how adults can better teach the game to young ones. The author starts simply - after a quick history of Sudoku, he introduces the key formatting and terminology associated with the game.

Though it may seem unnecessary to explain columns and rows, even the most puzzle-obsessed adult will find it **refreshing to see the board broken down so straightforwardly**, as when he demonstrates that all Sudoku boards begin with four giant squares and then are subdivided. Bloom encourages readers to fill the obvious numbers into rows or columns to demonstrate the overall rules of the game on a small scale. After a few such exercises, the author builds up to actual Sudoku boards, giving kids the opportunity to try their hand at games labeled "Quick and Easy," "Medium" and "Challenging."

Of course, even at their most difficult, these puzzles are rather rudimentary, but that's OK. He points out that the book was designed around the curricula of first, second and third grade - **a clever and direct strategy**. With almost 200 puzzles and lessons, the book will keep kids busy without boring them, and gives just enough of the game to keep them wanting more. **Brilliant in how it relates to its audience**, *Sudokids.com* is ideal for any child who wants to learn how to solve one of America's most popular puzzles.

nielsen

• • • • • • • •

Kirkus Discoveries, Nielsen Business Media, 770 Broadway, New York, 10003 discoveries@kirkusreviews.com

6945574R00124

Printed in Germany
by Amazon Distribution
GmbH, Leipzig